生涯発達心理学
認知・対人関係・自己から読み解く

鈴木 忠・飯牟礼 悦子・滝口 のぞみ [著]

はじめに

　生涯発達心理学は，文字どおり生涯にわたる発達を見通しながら人の一生を探究する学問である。

　筆者（鈴木）が学生の頃，発達心理学といえば子どもの発達が主たるテーマであった。広くとっても人生の前半，赤ちゃんから子ども，そして大人になるまでの発達が主たる研究対象だった。あえていえば，まだ大人として完成していない時期に，どのような経過を経て大人という完成態になるのかを探究するという前提があったように思う。少なくとも学ぶ側にはそう感じられた。

　さらにいうと，大人になってからの変化といえば，高齢期に向かっての，さまざまな意味での衰え──機能低下や喪失が焦点になった。人生後半については，いろいろなことがどれだけ「できなくなるか」「失うか」という意味で，ネガティブなものとして捉えられていたと思う。

　しかしこのテキストを手にしている読者は，大学に入学し，すでに大人の仲間入りをしているとして，自分の発達は完成しつつあると思うだろうか。背が伸びることはもうないかもしれないが，これから先，変わっていく余地は大いにあり，未来の自分は容易に想像できないのではないか。小学生から中学生，高校生へと発達してきたように，これから大学で学び社会に出て，「一人前」になっていく過程で，やはり発達するのではないか。そして身近にいる大人を思い浮かべてみよう。40歳代や50歳代の人たちは，もう発達が止まったと見えるだろうか。

　生涯発達心理学は，大人になって以降も発達は続くと仮定したうえで，その発達とはどのようなものかを探究する学問である。大人

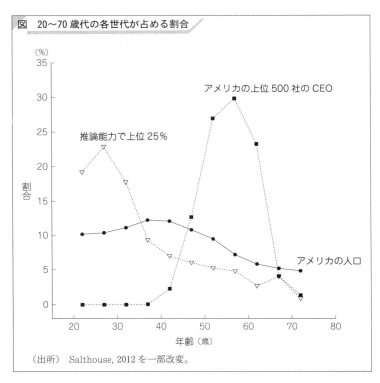

図 20〜70歳代の各世代が占める割合

(出所) Salthouse, 2012を一部改変。

になって以降，人生後半に「発達」という観点からポジティブな意味を見出そうとするといってもよい。言い換えれば，生涯全体を見通して発達を考えることにより，発達ということの意味そのものを捉えなおそうとするのである。

　最近のアメリカのデータから具体例を示そう。グラフは，3つの指標について20歳代から70歳代までの各世代が何％の割合を占めるかをグラフにしたものである（Salthouse, 2012）。

　図中の●の実線はアメリカの人口である。どの年代も人口の5％から10％までを占めており，カーブは緩やかである。▽の点線は，

知能検査（WAIS-IV）の推論能力で上位25％がどの年齢に多いかを示したものである。見てわかるように，20歳代から30歳代が突出して多い。本文で詳しく解説するが，推論能力は加齢にともなう低下が比較的大きなものであり，それが反映されている。

■の破線はアメリカのフォーチュン誌が選んだ2009年の全米上位500社のCEO（最高経営責任者）がどの年代に多いかを示している。知能とは対照的に，50歳代から60歳代が飛びぬけて多い。CEOとは，その企業の命運を左右する重要事項の交渉や決定を行ない，結果に責任を負う役職である。膨大な関連知識を踏まえ将来を見越して会社の舵取りをするわけで，中年期以降の人に多いからといって，年功序列で生き残った人が就くわけではない。むしろ生き馬の目を抜くような競争に勝ち残った人が任される役職で，知能検査で測られる能力とは別の知性が求められるだろう。このグラフは，そのような知性が実際にビジネス社会で生きてはたらいていることを示している。

推論能力は個人内の特性であるのに対して，CEOはいわば社会的な役割である。大きくいえば，「社会のなかの個人」を評価する指標である。生涯発達心理学は，単純に個人内の変化を扱うというだけでなく，社会（環境）のなかの個人を問題にするという側面も強い。

生涯にわたる発達とは，要するに人の一生ということだから，多くの場合が長い年月にわたる。その間に社会は大きく変化する。大人になり人生後半を迎えれば，自分の子どもや後継者を育て，自分が培ったものを手渡すことになるが，若い世代が生きる未来は，それまでとは異なる社会，環境になることが確実であろう。人の一生という長い時間経過を問題にすることは，発達を絶えざる環境変化のなかで考えることを要求するのである。

近代から現代にかけてはことに環境の変化が著しい。最近はSNSの普及がよく話題になる。通信手段の発達でいえば、筆者が子どもの頃には自宅にまだ電話がない家が多かった。小学生のときのクラス名簿（個人情報への配慮から、いまでは配布されなくなった）に「連絡先」の欄があり、多くの家では近所の人の氏名が書かれて「呼出」とあった。他人の家にあがらないと電話をかけられなかったわけで、家族の外と手軽に連絡を取りあうことは難しかった。さらに昭和以前にさかのぼれば、一般社会に電話がほとんど存在しなかった。知りあいの家に用事があればその家を訪ねていくことになる。当然留守のことがある。明治期の作家の日記によれば、友人を訪ねても不在で、家にあがってしばらく待っていたが結局会えずに帰ってきた、という記述が多いという。そういう社会に暮らしていると、他者との関係のとり方や考え方がいまとは少し違っていただろうと想像される。

　たとえば何か交渉事があって友人の家を訪ねたとしよう。相手が不在でしかたなく長く待っている間に、相手の状況に思いをめぐらし、自分の当初の考えを変えることもあっただろう。他者とすぐにコミュニケーションがとれることは、相手の立場に立つ暇もなくすぐに交渉に入ることになり、便利な反面、衝突も多くなっただろう。

　個人がどのように発達するかは、その個人がどのような環境で生まれて成長し、大人になり、歳をとっていくかということに左右される。「発達は環境に埋め込まれている」ということを発達研究の基本的前提にしようというのが、生涯発達心理学の中心的な前提である。

　本書は、第Ⅰ部の3つの章で生涯発達心理学の理論的背景（第1章）と認知発達の基盤（第2,3章）について概観し、第Ⅱ部では他

者との関係性と自己の発達にも焦点をあて，大まかに人生前半と人生後半に分けて解説をする。他者との関係性は第4章と第7章，自己の発達は第5章と第8章，認知能力は乳幼児期を解説した第2,3章を受けて，小学生から高齢期までを第6章で扱い，第9章で，全体をまとめる意味で人としての成熟と英知を解説する。

　社会のなかで他者と関わりながら，人がどう発達するのか。子どものときだけでなく，大人になって以降も含めた生涯にわたる発達について，読者がイメージを作る手助けに本書がなることを願う。

2016年8月

著者を代表して
鈴 木　忠

著者紹介

鈴木　忠（すずき　ただし）

執筆担当　はじめに，第 1（共著），2，3，4（共著），6，7（共著），9 章
現　職　白百合女子大学人間総合学部教授
主　著　『生涯発達のダイナミクス──知の多様性 生きかたの可塑性』（東京大学出版会，2008 年）
　　　　『生涯発達とライフサイクル』（共著，東京大学出版会，2014 年）
　　　　『チャイルド・アートの発達心理学──子どもの絵のへんてこさには意味がある』（新曜社，2021 年）

飯牟礼悦子（いいむれ　えつこ）

執筆担当　第 1（共著），5，8 章
現　職　大東文化大学文学部講師
主　著　「保育者効力感の変化に関する影響要因の縦断的検討──保育専攻学生における自信経験・自信喪失経験に着目して」（共著，『保育学研究』49，212-223，2011 年）
　　　　『PTG 心的外傷後成長──トラウマを超えて』（分担執筆，金子書房，2012 年）
　　　　『昔話から学ぶ人間の成長と発達──グリム童話からディズニー作品まで』（分担執筆，ナカニシヤ出版，2015 年）

滝口のぞみ（たきぐち　のぞみ）

執筆担当　第 4（共著），7（共著）章
現　職　青山こころの相談室代表
主　著　『夫婦の危機は発達障害が原因かもしれない──離婚を考える前に読むカップルセミナー入門』（共著，河出書房新社，2017 年）
　　　　『部下がアスペルガーと思ったとき上司が読む本』（共著，河出書房新社，2017 年）
　　　　『心のお医者さんに聞いてみよう　アスペルガータイプの夫と生きていく方法がわかる本──"カサンドラ症候群"の悩みから抜け出す 9 つのヒント』（共著，大和出版，2019 年）
　　　　『どうして，すれ違ってしまうの？「空気が読めない夫と突然キレる妻」の心理学』（大和出版，2019 年）

目　次

第 I 部　発達を支えるもの

第 1 章　発達の可塑性　　　　3
生涯発達心理学とは

1　発達の可塑性 …………………………………… 3
　　発達は環境に応答して進む(3)　FとG：養育放棄をされて育ったきょうだい(4)　オランウータンのオスの発達的変異(6)

2　心理学の発達モデル …………………………………… 8
　　●発達段階
　　発達のメカニズム1：ピアジェ(8)　発達のメカニズム2：エリクソン(9)

3　社会文化的環境による多様性 …………………………………… 12
　　時代による発達のしかたの変化(12)　文化や社会による発達の多様性(12)

4　横断的方法と縦断的方法 …………………………………… 14
　　●コホートの概念
　　年齢集団の特徴を捉える(16)

5　生涯にわたる発達 …………………………………… 17
　　生涯発達を規定する要因(17)　獲得／喪失のダイナミクス(20)

第2章　認知発達の基盤1　　　　　　　　　　23
胎児と0歳児

1　胎児期と新生児期 ……………………………… 23
　妊娠（23）　胎芽期：ヒトらしくなる前（25）　胎児期：胎児は自分から動いている（25）

2　新生児期 ……………………………………… 27
　●胎児期との連続性
　原始反射とその消失（27）　脳神経系の発達（28）　胎児は記憶を始める（31）

3　学習の原理の確立1 ………………………… 31
　●循環反応と生得的制約
　生得的制約：学習をスムーズにする方向づけ（32）

4　学習の原理の確立2 ………………………… 35
　●他者を介しての学習
　他者の意図への気づき（36）

第3章　認知発達の基盤2　　　　　　　　　　41
表象の獲得

1　幼児期の表象 ………………………………… 41
　見立てて遊ぶ（41）　モノと現実を結びつける（42）　ことばの発達（44）

2　自己中心性 …………………………………… 45
　●幼児の思考の限界
　視点を換えることの難しさ（45）　見かけと本当の区別（46）　見かけで数える（48）　ほかの場所からはどう見えるか（49）　心という概念を知る（51）

3　脱中心化の芽生え …………………………… 52
　家庭内でのやりとりからの学び（53）　「心の理論」再考（55）　大人の視点に立つ（56）

第II部
生涯にわたる発達

第4章　他者との関係性のはじまり　　61
基礎と展開

1　他者認識のはじまり ･･･････････････････････････ 61
　　赤ちゃんは目を見たがる（62）　他者をまねる（62）　赤ちゃんのほほえみ（63）　8カ月不安（64）　親しい他者を頼る（65）
2　人との情緒的結びつきのはじまり ･････････････････ 65
　　愛着とは（66）　愛着は行動を支える（67）　愛着の個人差（68）　愛着の可塑性（71）　愛着は母親以外とも成り立つ（72）　愛着タイプは文化を反映する（73）
3　遊びを通した関係性の発達 ･･････････････････････ 74
　　遊びという関わり（74）　遊びの発達（75）　遊びから仲間集団へ（77）

第5章　子どもの自己発達　　79
自己のはじまりと表現

1　自己の芽生え ･････････････････････････････････ 79
　　自分に気づく（79）　自分を知る（81）　自分ではたらきかける（82）　自己を特徴づける：気質（85）
2　自己を表現する ･･･････････････････････････････ 87
　　自己を統制し，表現する（88）　他者と比較して自己を理解する（93）
3　自己を見つける ･･･････････････････････････････ 97
　　自己を特徴づけるもの：パーソナリティ（98）　自覚的に選び取る自己：アイデンティティ（100）

第6章　認知能力の生涯発達　109

1 学校での学習と発達 ……………………………………… 109
　●具体的操作期・形式的操作期
　　具体的操作期（109）　ことばの発達：「一次的ことば」から「二次的ことば」へ（110）　学校での学習と発達：方略の獲得（112）　メタ認知（113）　形式的操作の発達（115）

2 認知能力の生涯発達と可塑性 ……………………………… 118
　　成人後も知能は変化するのか（118）　加齢により記憶能力は衰えるのか（120）　高齢者の知的訓練（123）　限界テスト（125）

3 熟達化と実践的知能 ………………………………………… 126
　　加齢のハンディを克服する（126）　上手に歳をとる（129）　SOCの発達差（130）　実践的知能（132）

第7章　関係性の発達　137
人間関係の広がりと深まり

1 友人・仲間関係の発達 ……………………………………… 137
　　子どもの所属集団と社会化（138）　友人関係の発達（139）　「グループ」（141）　友人とのつきあい方（143）　青年期の友人関係の機能（144）

2 タテからヨコへの関係性の構築 …………………………… 145
　　青年期の精神的自立（145）　親の関わりの変化と発達（146）　穏やかな青年期（147）

3 親密な関係性の発達 ………………………………………… 147
　　親密な関係への関心（147）　恋愛対象への愛着（148）　パートナーシップの確立（149）

4 発達的に見た結婚 …………………………………………… 150
　　結婚に対する意識（150）　パートナーに対する愛着（153）　結婚生活の持続と破綻（154）

5 親になることによる発達 ………………………………… 159

親になること（159）　父親の育児参加（160）　子育てをめぐる夫婦間のケア（160）　育児ストレスと社会的サポート（161）

6 高齢期の夫婦関係と社会的ネットワーク ……………… 162

社会的ネットワークの変化（162）　高齢者へのサポートとウエルビーイング（163）

第8章　大人の自己発達　　167

自己を未来へつなぐ

1 多重化する自己 ………………………………………………… 167

生き方の多様性を見る（167）　複数の役割が影響しあう（171）

2 自己の揺らぎと成長 …………………………………………… 172

揺れる自己：「中年期危機」は何をもたらすのか（173）　自己を見つめ，紡ぎなおす（176）

3 自己をつなぐ ………………………………………………… 179

ジェネラティヴィティとは（179）　自己を次世代へつなぐ（180）

4 自己を統合する ……………………………………………… 183

老いと向きあう自己（184）　統合し，つないでいく自己（186）

第9章　成熟と英知　　193

人生を上手に生きること

1 人はいかに成熟するのか …………………………………… 194

自他の感情と向きあう（194）　社会や人間関係のなかでの身の処し方（195）

2 英　　知 ……………………………………………………… 197

英知とは何か（197）　英知の測定：英知に関係した知識（198）　英知の発達（200）　英知はいかに発揮されるのか（201）　人を愚かさから救うもの（204）

引用・参照文献　207
事項索引　219
人名索引　224

イラスト　有留ハルカ

本書のコピー，スキャン，デジタル化等の無断複製は著作権法上での例外を除き禁じられています。本書を代行業者等の第三者に依頼してスキャンやデジタル化することは，たとえ個人や家庭内での利用でも著作権法違反です。

第 I 部

発達を支えるもの

第1章　発達の可塑性

生涯発達心理学とは

　「発達」とはどういうことだろうか。一般的には，赤ちゃんや子どもがイメージされることが多いだろう。その場合の発達とは成長である。しかし大人になっても人は発達する。その時期を考えると，発達を成長としてだけ捉えるのには少し違和感があるのではないか。さらに歳をとれば老いによる衰えを考えないわけにいかない。しかし歳をとっても日々新しいことを学習しているはずである。

　発達心理学は，発達を成長に限定せず，成長と衰え両方合わせての変化を発達と捉える。大人になってからの発達を，子ども時代と同じくらい重視し，人は生涯にわたって発達し続ける存在と考える。生涯にわたる発達を特に強調するアプローチが生涯発達心理学である。それは発達心理学のなかの1分野というより，発達研究全体を貫く基本的な枠組みだといってよい。第1章では生涯発達心理学の基本的な考え方を解説しよう。

1 発達の可塑性

発達は環境に応答して進む

　人間を含めて多くの生物は，どんな段階を踏んで発達するかというグラウンドプランをもっている。たとえば多くの昆虫は卵—幼虫—さなぎ—成虫という**発達段階**を経る。人間であれば，赤ちゃ

んから子ども，やがて大人になり，衰えが始まり老いの時期を迎える。そのような発達段階は，順序が逆になったり途中をとばしたりすることはない。これらは生物それぞれの種（species）に固有な，遺伝子に組み込まれた「プラン」である。つまりどんな段階を経るかは**遺伝**によって決まっている。しかし，ある段階から次の段階へ変化するのにどのくらい時間をかけるかは，遺伝によって決まっているわけではない。それは個々の生物個体が生きる**環境**による。発達は遺伝的なプランをもとにしつつ，各生物個体がその時々の環境条件に応答することによって進む。昆虫を例にしていえば，卵がいつ孵（かえ）って幼虫となり，いつさなぎになり成虫になるかは，その時々の温度や栄養状態などの環境条件によって左右される。春や夏に卵から孵ったならそのまま成長して成虫になるが，秋口に孵った場合はさなぎで冬越しをする。発達段階は同じでも，どの季節に卵から孵るかで寿命は大幅に異なる。発達の各段階の時間的長さはいわば伸び縮みするのである。このように，生物個体が環境条件に順応して発達する性質を**発達の可塑性**（developmental plasticity）という（鈴木，2008; West-Eberhard, 2003）。遺伝子にはグラウンドプランとともに，可塑性を実現するメカニズムが組み込まれているのである。

発達が環境に応答しながら進むことを，「**発達は環境に埋め込まれている**」という。発達とは，その個体が環境条件に順応し，また環境にはたらきかけることを通じて，その環境にフィットした大人になっていく過程なのである。

FとG：養育放棄をされて育ったきょうだい

人間は私たちが想像する以上に大きな発達の可塑性をもつ。発達の環境条件が非常に悪いとき，あえて発達を進めず，環境が好転したときに発達を始めることがある。「FとG」として知られるケースを紹介しよう（藤永，1992; 藤永ほか，1997）。

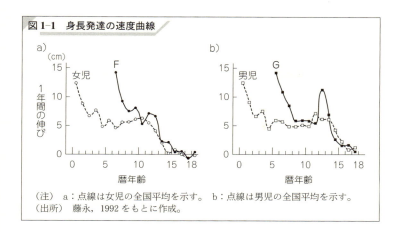

図1-1 身長発達の速度曲線

（注） a：点線は女児の全国平均を示す。 b：点線は男児の全国平均を示す。
（出所） 藤永, 1992をもとに作成。

　1970年代に，親から養育を放棄されていたきょうだいが国内のある地方で発見され救出された。姉の「F」が6歳，弟の「G」が5歳であった。発見当時の2人は体格が1歳児なみに小さく，かろうじてつかまり立ちができる程度で，歩くことはできなかった。言葉は姉Fがわずかに単語を発する程度であり，弟Gはほとんど言葉を発しなかった。発達検査の結果，2人とも1歳程度の発達の水準と判定された。

　救出後2人に対して発達の遅れを取り戻すための手厚い養育が行なわれた。2人は重度の発達遅滞であり，どのくらい回復するか周囲は悲観的だった。しかしその後の10年余りの経過を見ると，一部に遅れは残ったものの大きな回復が見られた。ここでは身体の発達を例にとって回復過程の発達パターンを見てみよう。

　図1-1は救出されたときから18歳までの身長の変化を示したものである。縦軸は1年間の伸びである。実線がFとGのデータであり，点線が女児と男児の全国平均である。きょうだいともに，記録が始まった年齢，すなわち救出されて正常な養育環境に置かれた

時点からの発達曲線が，全国平均とよく似たカーブを描いていることがわかる。全国平均では生後の最初の1～2年が伸びが最も大きく，徐々に小さくなる。そして10代前半の思春期に再び伸びが大きくなり，10代後半に伸びが止まる。FもGも5～6歳を開始時点として，そのような標準的な変化を縮約した形で示している。（Gでは12歳のときに突出して伸びが大きくなっているが，男児は思春期の一時期に突出して伸びることが珍しくない。全国平均は一人ひとりのでこぼこがならされてなだらかな形になっている）。

2人とも劣悪な発達環境に置かれていたときは発達をいわば停止させていたと見ることができるだろう。救出後に伸びがスパートしたあとは，そこで受けた世話や教育が直接に反映した発達パターンを描いたというより，人間の発達に共通した遺伝的グラウンドプランにそって，身体発達のパターンを短期間のうちにたどったと考えられるのである。

2人の知能の発達についてごく簡単に書いておく。引き取られた乳児院の保育士との間に愛着（第4章参照）が成立したことをきっかけに，2人とも急速に言葉を覚え，2年遅れで小学校の普通学級に入学した。学校の勉強ははじめは全般的にかなり低い成績だったが徐々に得意教科ができるなどして適応し，姉のFは公立高校を受験して入学を果たした。その後2人とも社会人として暮らしているという。

オランウータンのオスの発達的変異

FとGの事例は，通常の発達と異なるかなり極端なケースかもしれない。しかし生物全体を見渡すなら，環境変化に応じて発達のしかたを変化させることがむしろ一般的である。オランウータンの発達を例にあげてみよう。

オランウータンでは特に勢力の強い1頭の大人のオスが群れを支

図1-2 オランウータンのオス

Photo by Schristia
(http://free-photos.gatag.net)

Photo by (c)Tomo. Yun
(http://www.yunphoto.net)

配している。図1-2の右は，大きなあごひげと頬垂れをもつ成熟した「優位オス」である。からだが大きく成長し，ホルモンレベルが非常に高く，独特の匂いを発散させる。ほかのオスに対してつねに自らの力を誇示し威嚇的な行動をする。それに対して図1-2の左が若いオスである。彼らは優位オスににらまれないように低姿勢にふるまい，余計な摩擦を起こさないようにしている。それは行動だけでなく身体の成長にも現れる。図からわかるように頬垂れをもたず，身体も大きくならない。成熟が抑制された状態で歳をとっていくのである。「ピーターパン・オス」と呼ばれるが，見かけや行動パターンが優位オスとあまりに違うので，かつては別種の動物と考えられたという。しかしピーターパン・オスは優位オスがいなくなると成熟を始める。頬垂れが張り出し，ロングコールを発して威嚇的行動をするようになる (Hrdy, 1999)。どのオスにも優位オスに成長する可能性が遺伝子のなかに組み込まれているが，実際にそのようなオスになるかどうかは，環境，すなわち群れを支配する優位オスと

の関係によるのである。

2 心理学の発達モデル

● 発 達 段 階

　発達的可塑性の考え方は，発達の代表的な理論家であるピアジェとエリクソンにおいても基本的な前提となっている。2人とも生物学の描く発達をモデルにして人間の発達を考えた。ピアジェは海辺にすむ巻貝の詳しい観察から研究を出発させ，エリクソンはさまざまな動物の胎生期の変化過程を学んだ。両者とも発達が段階を踏んで進行する一方で，段階間の移行が周囲の環境との相互作用によって変化することを理論の中心にすえたのである。

　発達理論にとっては「なぜ」（メカニズム）や「どのように」（プロセス）が重要である。変化を説明する中心概念に焦点をあてて，2人の発達理論を解説しよう。

> 発達のメカニズム1：
> ピアジェ

ピアジェの発達理論（Piaget, 1953）では，外界を理解するための心のなかの知識構造を仮定し，それを**シェマ**（schema）と呼ぶ。人間は外界の情報に接したとき，それが手持ちのシェマで理解できそうなものならその情報をシェマに合致させる。このプロセスを**同化**（assimilation）という。一方，新しい経験をした場合はシェマを修正して新しい情報を理解する。それを**調節**（accommodation）という。

　保育園に通っている2歳の男の子が，机に向かって日誌を書いている保育士と遊びたいと思い，「メガネとって字とってオンモ行こう」と言った。「字（日誌）を書くのをやめて……」と言うべきところ，「字とって」と言ったのである。この子にとって「とる」と

いう言葉のシェマは「作業を中断する」という場合にも適用されている。語彙がまだ豊富でない幼児に見られる現象で，シェマの同化の例である。ほどなく「やめる」という言葉を覚え使い方がわかってくると，「字を書くのをとる」というのはおかしな言い方だと思うだろう。そして「とる」でなく「やめる」を使ってみる。そこで生じるのがシェマの調節である。こうして外界のある対象に対して同化と調節が均衡した状態が，理解が成立した段階だと考えられる。それをピアジェは**均衡化**（equilibration）と呼んだ。ただし多くの場合，均衡化は永続的なものではない。新たな学習によってそれまでの均衡化に少し変更がされるだろう。そのような意味で，均衡化（理解）とは<u>暫定的なバランスを得ること</u>だと捉えられる。新しい対象に出会ったとき，既存の知識（シェマ）の範囲で理解しようとしつつ（同化），それでは応じきれない側面は既有知識のほうを修正し（調節），新たなバランス（均衡化）を得る。それを繰り返しながら外界の理解を広げ深めていくことが，ピアジェの描く発達である。

発達のメカニズム2：エリクソン

エリクソン（Erikson & Erikson, 1997）は図1-3のような8段階の生涯発達モデルを提唱した。これは**漸成図式**（epigenetic chart）と呼ばれる。エリクソンは，個人が周囲の人間関係（社会）に向けて自分の意思や能力を示し，社会がそれにどう応えるかという，自己と社会との関係として発達を捉えた。そのような発達を**心理社会的発達**と呼ぶ。

図1-3の各段階には，○対○というように2つの対立項目が記されている。前者が「土台となる強さ」としてのポジティブな要因，後者が「病理を引き起こす」ネガティブな要因である。対立項目の間の葛藤は**心理社会的危機**（crisis）と呼ばれ，エリクソンの発達理

図1-3 エリクソンの漸成図式

	1	2	3	4	5	6	7	8
高齢期 Ⅷ								統合 対 絶望・嫌悪 英知
成人期 (中年期) Ⅶ							ジェネラティヴィティ 対 停滞 ケア	
成人前期 Ⅵ						親密性 対 孤立 愛		
青年期 Ⅴ					アイデンティティ 対 アイデンティティ混乱 忠誠			
学童期 Ⅳ				勤勉性 対 劣等感 適格				
遊戯期 Ⅲ			自主性 対 罪悪感 目的					
幼児期初期 Ⅱ		自律性 対 恥・疑惑 意志						
乳児期 Ⅰ	基本的信頼 対 基本的不信 希望							

(出所) Erikson & Erikson, 1997 邦訳文献を一部改変。

論の中心概念である。2つの要因の間でうまくバランスがとれ，危機の暫定的な解決を見出すと，太字で書かれた**徳**（virtue）を得るとされる。

　たとえば第4段階（学童期）は「勤勉性」対「劣等感」とあり，「適格」が獲得されるとある。いまの日本でその時期の発達のテーマとしてまず考えられるのは学校の勉強だろう。勉強にがんばって取り組んでも，授業が難しかったりテストでよい点数をとれなかったりして劣等感をもつことも多い。それでもあきらめずに前向きに課題に取り組む習慣（勤勉性）を獲得することで，学校を出て職業

についたときに一人前の能力をもった者として認められる（適格）。周囲（社会）の信頼を得ているという自信にもつながり，社会人として次の段階に進むのである。

「心理社会的危機」とは分岐点であり，対立項目のうちのポジティブなほうの要因がネガティブな要因を上回るような自己の「心理社会的」なあり方を身につけることで，社会のなかで適応的に発達するというのがエリクソンの発達理論である。

エリクソンはまた，ポジティブな要因がネガティブな要因を完全に排除することはありえないと述べている（Erikson, 1980）。発達は基本的に，自己と周囲（他者や社会）との調和・バランスの上に成り立つものであり，それを崩しかねない「心理社会的危機」に際して，ポジティブな要因がネガティブな要因を上回りながらバランスを得ること，すなわちその時点での暫時的なバランスを得ることが，エリクソンのいう危機の「解決」なのである。

人間が発達途上で新しい経験をするときには，それまでの知識や自己のあり方では簡単に乗り切ることが難しく，葛藤が生じる。それを乗り越えることで知識や自己が更新され，発達が進む。そのメカニズムとして，ピアジェもエリクソンも，相対立する，または互いに補いあう2つの作用を想定した。環境（社会）のなかで次々に新しい経験をし，そこで生じる葛藤に対処して安定状態を作り，また新たな経験に直面するということを繰り返すことが，ピアジェとエリクソンが理論化した発達のダイナミクスなのである（より詳しい解説は鈴木・西平，2014を参照）。

3 社会文化的環境による多様性

> 時代による発達のしかたの変化

私たちの周囲を見れば，社会の変化にともなって発達のしかたが変わってきていることがわかる。日本が高齢化社会といわれて久しいが，歳をとった人の人口が増したというだけでなく，健康で活動的な高齢者が増えている。昔は60歳になれば立派な「老人」だったが，いまでは若い世代とともに社会を支えている「現役」がたくさんいる。スポーツの世界でいえば，以前はプロ選手や第一線で活躍する選手の多くは20代だったが，いまでは30代はもちろん，40歳をすぎて活躍する人もけっして珍しくない。現代は寿命が延びたといわれるが，それは高齢期が延びたというだけでなく，元気で活躍できる時期も延びたのである。

子どもの発達に目を転じるなら，スマートフォンやタブレット型端末を小学生が自在に使いこなす。大人が使い方を教えなくても知りたい情報を検索し，わかったことを大人に教える光景は珍しくない。昔であれば，図書館に行って必要な本を探し出し，それを読んではじめて知ることができた知識や情報を，就学前後の子どもが手にすることが可能になった。技術の進歩がもたらした大きな変化であり，知的発達がかつてとは大きく変化していると考えられる。

> 文化や社会による発達の多様性

(1) 赤ちゃんのトイレットトレーニング：時代による発達の変化

私たちがふつうの（標準的な）発達だと思っていることがけっして人類普遍的なものでないということについて例をあげて考えてみたい。

赤ちゃんにいつ頃排泄の自立を促しおむつが取れるかは，そのよい例である。多くの国で，紙おむつの普及によって昔よりも排泄の自立は遅くなった。第2次世界大戦前は1歳でおむつがとれるのがふつうであったが，戦後徐々に遅くなり，現在では2～3歳である（第5章参照）。現在では，欧米を中心に「おむつなしの育児」が盛んになってきている。親が赤ちゃんをよく観察し，出そうな気配があったら「おまる」につれていき，刺激を与えて用を足させるというトレーニングである。紙おむつは使用後にゴミとして捨てられるわけで，環境保護の意識の高まりも手伝って，新しい育児が盛んになりつつあるのである。どのような常識や価値観のもとで赤ちゃんを育てるかという社会文化的文脈を抜きにして，排泄の自立についての人類普遍の法則があるわけではないのである。

(2) 幼児が火や刃物を使う文化：文化による発達の多様性

人間は小さいうちから，生まれ落ちた社会文化的環境が求めるさまざまな条件に順応しうる，多様な潜在能力をもっている。オセアニア諸島のある地域では，3～4歳になると家事や子守をし，畑には自分専用の区画をもち自分で育てた野菜を市場に売りに行くという。日本であれば親に世話をされる年齢の幼児が，家族を支えるための一定の役割を果たすことが期待されるのである。

中央アフリカのアカ族の3～4歳児は自分で火を使って食事を作る。そのような技能を獲得するため，1歳になる前から，ということは歩けるようになるかならないうちに，親が見守るなかで火や刃物を使い始める（Rogoff, 2003）。日本でも子どもが幼稚園ではさみを使うことがあるが，それはけがをしないように工夫された幼児専用のものである。アカ族の幼児が使う鉈（なた）や包丁は，子どもの練習用ではなく大人が使う本物である。このように，発達についての人々のもつ考え方は，時代や文化によって大きく変わり，それは発達そ

のものを多様なものにする。

4 横断的方法と縦断的方法
●コホートの概念

　発達がその時代の社会や文化に大きく左右されるという認識は，発達データを得る方法論に大きな影響を及ぼす。生涯にわたる長いスパンの発達，たとえば知能の加齢変化のデータはどのようにして集めればよいのだろうか。

　すぐ思いつくのは，そして実際によく用いられる方法は，何歳かおきでさまざまな各年齢の人たちを集めて検査をしデータを得るやり方である。複数の年齢集団を横断する形でデータを集めるので**横断的方法**と呼ばれる。シャイエのシアトル縦断研究（Schaie, 2005）から，推論知能の実際のデータ（図1-4）を見てみよう。

　横軸には25歳から7歳おきに年齢が書かれている。3本の折れ線のうち，点線aが1956年の，点線cが1998年の横断データである。まず点線aを見ていただきたい。25歳と67歳の得点差に注目すると，約13点の開きがある。10点が1標準偏差なので，かなり大きな差である。中年期を通じて知能が大きく衰えることを示しているように見える。

　しかし注意すべきことは，これは異なる年齢集団の間の比較であることである。発達データというからには，10年，20年を経たときの「変化」を知りたいわけだが，ある時点での若者と中高年者の差異がそのまま，若者が実際に加齢していったときの変化を示すとは限らない。発達的変化のデータを得るには，同じ人たちを追跡してデータを得る必要がある。それを**縦断的方法**という。1956年に25歳だった人たち（1931年生まれのコホート）が67歳になるまで，

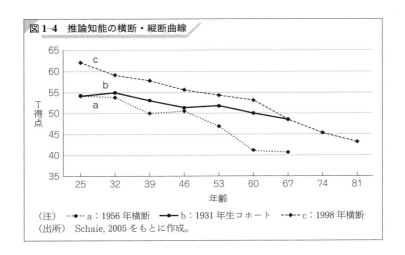

図1-4 推論知能の横断・縦断曲線

（注）・・◆・・a：1956年横断　━◆━b：1931年生コホート　−−◆−−c：1998年横断
（出所）Schaie, 2005をもとに作成。

7年おきに検査を実施して得た縦断データをグラフにしたものが図中の実線bである。25歳のときと比べると5点程度の低下でしかない。中年期の知能の低下は、横断データから予想されるよりもかなり小さいのである。

　上の結果を言い換えると、1956年の67歳と1998年の67歳では大きな差があり、1998年のほうが上昇しているということである。それは67歳に限らないだろう。実際に1998年に25歳から81歳まで調べた横断データを表したのが点線cである。グラフ全体が1956年に比べて上方にきていることがわかる。上昇の幅は、実線bで25歳の人たちが67歳になったときの低下幅より大きい。つまり、42年分歳をとることによる低下幅より、42年間の社会の変化による上昇分のほうが大きいのである。この期間に生じた社会文化的発展とは、たとえば教育制度が充実して、後の時代ほど就学期間が長くなったこと、また、成人後の教育機会が増えるなど社会全体の知的刺激が質量ともに豊かになったことなどが考えられる。人の

第1章　発達の可塑性　15

発達や加齢を考えるとき，それがどのような時代や文化のもとで起こったのかを知ることが決定的に重要なのである（生涯発達心理学の考え方と方法論の詳しい解説は，鈴木，2008参照）。

> 年齢集団の特徴を捉える

図1-4からわかるように，中高年の加齢研究においては，横断データは縦断データ（発達的変化をよりよく反映する）よりも知能の低下を大きく示してしまう。横断的な老若の異年齢集団からデータをとるために，年齢の違いに加えて，各年齢集団が経験してきた環境経験に影響されるためである。若者が中高年に比べて知能の得点が高いのは，「若いから」という理由に加えて，「知的刺激がより豊かな時代に育ったから」という理由を無視できない。同じ環境経験を共通にもった年齢集団のことを**コホート**（cohort）という。横断データには，年齢による差異に加えてコホート差が反映されてしまうのである（**コホート効果**）。

コホートの概念は，いつ生まれたかによる生年コホート以外にも，どういうことを調べたいかによって別の観点で用いられる。たとえばどの年に就職したかを問題にする文脈では就職コホートという言い方がある。何歳で就職したかよりも，バブル経済のときに就職したか就職氷河期か，あるいはインターネットがどの程度普及したときかなどによって，労働環境や身につけるスキル，生涯賃金は大きく異なるだろう。

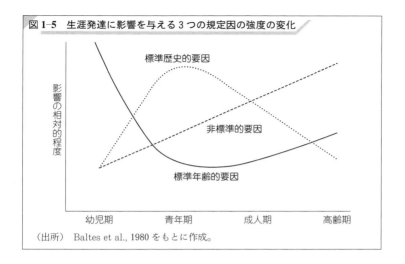

図 1-5　生涯発達に影響を与える 3 つの規定因の強度の変化

（出所）　Baltes et al., 1980 をもとに作成。

5　生涯にわたる発達

生涯発達を規定する要因

発達にはどのような環境に生まれ成長するかで，その現れ方が大きく異なるという可塑性や多様性の側面とともに，ある環境のもとで多数の個体が「ふつう」どのように成長し歳をとるのか，という「標準」の側面がある。生涯発達心理学を主導したバルテスは，発達を規定するものとして，大きく標準的要因と非標準的要因があり，標準的要因はさらに年齢的要因と歴史的要因に分かれるとした（Baltes et al., 1980）。それら 3 つについて説明しよう。

　私たちがたどる発達の道筋に影響を与える要因として，「標準年齢的要因」「標準歴史的要因」「非標準的要因」の 3 つがある（図 1-5）。

第一の標準年齢的要因とは，暦年齢と関連している。思春期や更年期などの生物学的成熟や，家庭，学校教育，結婚，就労や退職などの年齢規範的な社会化が含まれる。多くの国では義務教育によって子どもは一定の年齢で学校に入学する。仕事に就く年齢も，学校教育を修了する10代後半から20代半ばが大半である。そして多くが20代，30代に結婚して家族をもち，60代に退職する。このようなライフコースが多くの人の歩むものであり，それが「ふつう」のことだと考えられている。

　図1-5に示されているように，標準年齢的要因の影響が大きいのは子どもから青年にかけての時期である。発達に細かく節目をもうけ社会のなかでの位置づけや役割を与える制度や慣習があることが関係しているためである。学校制度のほかにも子ども料金や選挙権などがあり，慣習の例では結婚適齢期についての言説などがある。大人になると相対的に影響度が下がって個人の間の選択の幅が広がり多様性が拡大する。身体的な機能低下や衰退がはっきりしてくる高齢期になると年齢規範の影響は再び大きくなる。

　標準歴史的要因とは，どのような時代に子ども時代を過ごし大人になるのかといった，歴史的文脈と結びついた要因である。経済不況，戦争，大きな災害，テクノロジーの発展などの大きな社会的変化や歴史的できごとに，成育史のなかのどこで出会うかで発達は大きく左右される。実際，1929年の世界大恐慌に子ども時代の何歳頃に出会ったかによってその後の人生が大きく変わった事実を社会学者のエルダーが報告している（Elder, 1974）。上に述べたコホート効果は標準歴史的要因にあたる。

　標準歴史的要因の影響は図1-5に示したように青年期から壮年期にかけてピークを迎えると考えられる。学校教育が終わり就職や結婚など人生の重要な選択をする時期では，その時代の社会経済状況

や「適齢期」の考え方などに左右されやすいからである。

　非標準的要因は，すべての人が経験する出来事ではないが，個人的に重要な意味をもつ特異的経験である。大きな事故にあったり突然仕事を解雇されたりといったネガティブな経験や，高額の懸賞くじにあたるといったポジティブな経験がある。前者がその後の発達をネガティブにするとは決まっていないように，大きな幸運が舞い込んだからその後の人生の幸福が約束されるとは限らない。禍福はあざなえる縄のごとしだが，確かなことは，このような個人的な特異的経験が，その後の発達に個人差，多様性をもたらすことである。図1-5に示されているように，年齢を重ねれば重ねるほどそのような経験の影響が積み重なると考えられる。

　3つの要因が，現代の20歳前後の若者の将来選択にどのように影響しているかを考えてみよう。標準年齢的要因からすると，多くの人が学校教育を修了する年齢にあたり，社会人になる入り口に立つ。具体的な進路を考えるべき時期だと自分も考えるし周囲も期待する。その年齢のみ・ん・な・がふ・つ・う・することだと考える。標準歴史的要因からすると，いまの時代の日本という歴史的文脈に将来選択は影響を受ける。たとえばSNSの浸透や非正規雇用の拡大，景気の動向などである。大震災や原発事故の余波が残る地域では，その影響を無視できないだろう。非標準的要因は，身近にいる大人に薫陶を受けてその人と同じ道を目指すとか，優れた本を読んで影響を受けるといったことである。

　発達が社会文化的環境に埋め込まれているという前提のもとに巨視的に捉えると，生涯発達は上に述べた3つの要因が相互に関連しあって進むものとして捉えられる。人生の各時期によってその相対的な影響の度合いは異なり，その複雑な絡みあいによって個人の発達が特徴づけられるのである。

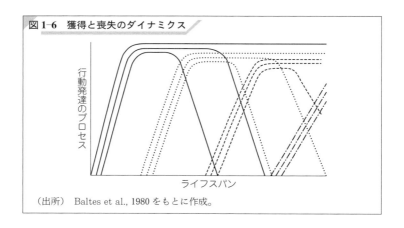

図1-6 獲得と喪失のダイナミクス

（出所） Baltes et al., 1980 をもとに作成。

獲得／喪失のダイナミクス

　この章の最初に，発達は子ども時代＝成長，大人＝衰えという単線的なものではないと述べた。子ども時代が知識やスキルを獲得する時期であり，大人になって歳をとると体力やスキルが衰えると特徴づけるとしたら，それは実際の発達を正確に捉えていないことになる。人の生涯発達はそのような一次元的で一方向的なものではなく，多次元的で多方向的である。人生のどの時期においても**獲得**（成長）と**喪失**（衰退）という両方向の変化が起こっている（図1-6）。

　喪失の経験について考えてみよう。喪失とは文字どおり何かを失う経験である。大切な人と死別したり慣れ親しんだ物や環境を失うといった対象の喪失や，病気やけがで障害を負ったり生きる目標を失うといった自己イメージの喪失が代表的なものである。喪失経験の内容や程度は多様であり，生涯のなかで誰もが経験する。

　喪失経験は私たちにダメージを与えるだけだろうか。たしかにかつては，私たちは喪失によって悲嘆や心理的苦痛をこうむり，マイナスの影響を受ける一方だと考えられてきた。しかし最近の研究に

よれば，むしろ喪失やトラウマと苦闘した結果，ポジティブな変化を得ることもけっしてまれではないことが明らかにされている（たとえば，Calhoun & Tedeschi, 2006）。家族や周囲との関係が前より親密になり，弱い立場の人々に対して共感的になるとか，日々を大切にし自分が存在していることに対して感謝の気持ちをもつといったことである。喪失という経験はたしかに辛いことではあるが，それと相伴って人間としての成長，幅の広がりを獲得するものなのである。

　それとちょうど逆のことが，一見獲得と見える経験についてもいえる。たとえば赤ちゃんの時期は，日々新しいことを獲得する一方のように思える。しかしここ20年余りの研究から，赤ちゃんの発達には衰退の過程がともなうことがわかってきた。詳しくは次の章で説明する。

　青年期は身体的にも社会的にも大人になる時期であり，そのための生理学的，身体的機能が備わる。赤ちゃんの時期と同様，獲得が顕著であるように思える。しかし大きな変化をとげる時期であるゆえに，心が揺れ動き悩むことが多い。自分は社会のなかでどのような役割を果たしたらよいのかわからずに途方にくれたり，こうなりたいという自己像と社会が認めてくれる自分との間にギャップを感じたりといった，葛藤を経験することが多いのである。むしろ葛藤を経てはじめて，私たちは大人になっていくと言ったほうが実情に近い。

　大人になって結婚をし子どもができることは家族を獲得することであり，夫婦であり人の親であるという社会的地位を手に入れることである。しかし，これもさまざまな喪失をともなう発達である。子育てを例にあげると，子どもをもつことに大きな喜びを感じ，親としての成長の機会を得る一方で，独身時代のように自由に好きな

ことをする時間は少なくなる。勤めていた仕事を結婚退職した場合には社会的役割を失ったと感じることも多い。子育てという経験のなかに獲得と喪失が表裏一体のものとしてあるのである。

　子育てが終わる時期にはちょうど逆のことが生じる。子どもが進学や就職のため家を出て自立していく，つまり子どもが親離れをすることによってもたらされる心身の不調は，「空の巣症候群」(第8章参照)と呼ばれている。子どもの親離れは，親にとってみれば喪失経験であるが，その一方で，自分たちの自由になる時間が返ってきたと感じ，あらためて夫婦が向かいあって関係を作りなおすといった，ポジティブな側面もある。

　このように，生涯を通じて獲得／喪失のダイナミズムによって発達が形づくられる。私たちは，生きている限りつねにそれを経験し続けるのである。第2章と第3章で認知発達のメカニズムを解説したあと，第Ⅱ部(第4章以降)では，生涯にわたる発達のダイナミズムを詳しく見ていくことにしよう。

第2章 認知発達の基盤1

胎児と0歳児

　受精卵が子宮のなかで胎児として成長し外界に誕生するまでの過程はどのようなものだと想像されるだろうか。妊婦さんのお腹がだんだん大きくなるから，胎児も大きくなっていることは確かだ。しかしそれだけではもちろんない。この20年余りの超音波画像などの進歩によって，子宮のなかで胎児がどのようなことをしているかが明らかになり，詳しい発達過程がわかってきた。からだが大きくなるだけでなく，誕生したあとの外界にうまく適応するための準備が始まっているのである。そして生まれたばかりの赤ちゃんについても，興味深い発達的変化が生じていることがわかってきた。さらに生後半年を過ぎると，他者に助けてもらうという人間独自の学習方略が起こり，文字どおり発達の基盤ができあがるのである。本章では胎児と0歳児の発達を見ていく。

1 胎児期と新生児期

妊娠　まず図2-1を見ていただきたい。女性の体内にある卵管に到達した精子が卵子のなかに入ることで受精卵ができる。精子と卵子のそれぞれの核が融合し細胞分裂が始まる。分裂を繰り返しながら受精卵は卵管のなかを移動して子宮に向かい，8～10日で子宮膜に着床する。この時点が妊

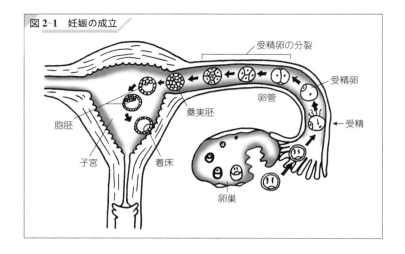

図 2-1 妊娠の成立

娠の成立である。この頃の受精卵はすでに数百の細胞からなっているが、大きさはわずか数ミリである。

　受精卵の分裂は全体が同じペースでなされるのでなく、各部分が異なるペースで進む。それに応じて、さまざまな器官ができあがっていく。分裂を始めた初期の細胞は、それひとつで胎芽になりうる、つまり最終的に赤ちゃんになることのできるもので、発達的に無限に近い能力をもっていることから、全能性の幹細胞と呼ばれる。分裂の過程で全能性は失われ、個々の器官に特化した細胞になる。たとえば、いったん肝臓の一部になった細胞はもはやほかの器官を形成することはできない。幹細胞が全能性を失い、どのようにして各器官に固有の細胞になっていくのか、その分化のメカニズムはいまだに解明されていない。遺伝子のうちのどれが活性化されるかによって肝臓になったり腸になったりするのだが、現在の説明では、周囲の細胞との相互作用や位置関係によって、幹細胞中のどの遺伝子が活性化されてどのようなたんぱく質が合成されるのかが決まると

考えられている（全能性の幹細胞〔pluripotent stem cell〕を人工的〔induced〕に作り出したものが iPS 細胞である）。

周囲との相互作用によって、ひとつの個体としての調和やバランスを保ちながら部分が分化し形成される発達のしかたを**エピジェネシス**（epigenesis）という。日本語で**漸成**または**後成**と訳される。第1章で述べたように、エリクソンは発達初期のこのような発生過程を生涯発達全体のモデルとした。第1章で示した図1-3が漸成図式と名づけられたのは、発達がそのときそのときの周囲（人間関係や社会）との相互作用を通じて、個体全体としてのバランスを保ちながら変化していくことが発達の基本だとエリクソンが考えたからである。

胎芽期：ヒトらしくなる前

子宮に着床したあと、8週くらいまでを**胎芽期**という。受精卵は胎児部分と胎盤部分に分かれ、胎盤の形成が始まる。胎盤はへその緒のつけ根にあたる部分で、母親の血流が胎児に直接触れるのを保護する一方で、栄養や酸素をへその緒を通して胎児へ供給し、またその排泄物を母親の血流に戻すはたらきをする。胎児部分では心臓が鼓動を始め、脳の分化が始まる。しかし顔と胴、手足などが分化しておらず、身体全体はまだ人間らしくない。胎児と区別して、この段階は胎芽と呼ばれる。子宮内は羊水という液体で満たされ、胎芽はそこに浮遊するような状態で成長する。

胎児期：胎児は自分から動いている

妊娠8週目くらいからあと、誕生するまでを**胎児期**という。初期の大きさは5センチほどである。頭部、胴部、顔、手足の区別ができ、かなり人間らしくなる。頭がかなり大きく、脳では1分間あたり数千の神経細胞が作られるという。内臓の分化や血液循環も始まる。

胎児期には身体の分化と成長が進むが，発達的に重要なことは自発的な運動が活発になることである。妊娠初期の8週から12週目くらいまでに胎児はさまざまな運動を開始する。口を開いてしゃっくりやあくびをしたり，手を顔のまわりで動かして指しゃぶりなどをしたり，からだ全体で伸びをしたりする。15週を過ぎると誕生後に新生児がするほとんどの運動をするようになる。胎児の運動が活発になるこの時期，母親は**胎動**を感じる。

　胎児は羊水を鼻から飲んで肺を通して出すという呼吸の練習や，口から吸いこんだものを飲み込むといった，食べることの練習を始める。誕生直前には，1日に1リットル近い羊水を飲むという。

　胎児が活発に自発的な運動を繰り返すことには重要な意味がある。この時期，大量に生まれる脳の神経細胞が身体各部とのさまざまな結びつきを作る。胎児が活発に運動をすることで，運動のパターンが脳に認識され，同時に人間の動きに関係のない結びつきが除かれる。不必要なものがあとで「刈り込まれる」ことを前提に，神経細胞が過剰に作られるのである。実際，動物実験によれば，胎児期に運動ができないようにして脳神経との過剰な結びつきをそのままにすると，関節が固まってからだ全体が硬直してしまい，外界に誕生しても長く生きられないという（Smotherman & Robinson, 1996）。

　人間の妊娠期間は9～10カ月だが，その半分にも達していない時期（身長は10センチより少し大きい程度）に，運動機能はかなりできあがる。残りの妊娠期間では，からだが大きくなるとともに，さまざまな運動を繰り返し，脳神経との結びつきを確立し，誕生後に備えるのである。胎児期のかなり早い段階から自発的な運動が顕著になるのは重要なことである。周囲の世界にはたらきかける準備が始まっていることの現れと見ることができるからである。妊娠5カ月くらいから聴覚をはじめとした感覚系も機能し始める。胎児は外界

の音を聞いて記憶している。子宮内で学習が始まっているのである（次節の終わりの部分を参照）。

2 新生児期

●胎児期との連続性

原始反射とその消失

胎児はだいたい身長50センチ，体重3000グラムに成長したところで外界に誕生する。母親のお腹から外の世界に生まれてくることは発達の一大イベントだが，胎児がさまざまな身体機能を備え多様な運動パターンをもっていることを考えると，胎児から新生児へは連続性があることが想像されるだろう。そのひとつの現れが，**原始反射**と呼ばれる独特の運動パターンである。反射とは刺激に対して一定の決まった反応が生じることをいう。赤ちゃんは文字どおり生まれたそのときから，外からの刺激に対して一定の動きを示すことができるのである。代表的な原始反射をいくつかあげよう。

- 口に何かが触れるとそれを吸う（**吸啜反射**）。
- 手の平に刺激を与えると赤ちゃんはそれを強い力でぎゅっと握りしめる（**把握反射**）。大人が指を赤ちゃんに握らせて上にあげると，懸垂をするようにぶらさがることも可能だという。
- 赤ちゃんを抱えて寝かせた状態にし，ふっと軽く下げると，赤ちゃんは一瞬両手を広げて反り返ったあと，両手を合わせてしがみつくような姿勢をとる（**モロー反射**）。
- 腹ばいにして足のかかとに刺激を加えると，はいはいをするように両手両足をリズミカルに動かす（**ほふく反射**）。
- 赤ちゃんの脇をもって立ちあがった姿勢にし，足の裏に床の圧刺激が加わると，歩くように両足を交互に動かす（**原始歩行**；

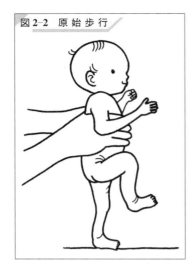

図2-2 原始歩行

図2-2)。

原始反射の多くは，生後数カ月のうちに消失する。第1章の最後で述べた「喪失」が新生児の時期から生じるのである。把握反射やモロー反射などの消失は，神経系が正常に発達していることの指標となっている。

原始反射と同様の現象として，**新生児模倣**が知られている。生後間もない赤ちゃんは，目の前で大人が大げさな表情を見せると，反射的に同じような表情をする（第4章参照）。

反射は身体の特定部位への刺激によって機械的に生じる行動パターンであり，柔軟性がない。複雑な外界に適応するには反射だけでは不十分であり，触れたものがどんな形や大きさ，硬さなのかを感じとり，それに合わせて行動をコントロールする必要がある。たとえばお乳を吸うことは赤ちゃんにとってすぐに必要な行動だが，吸啜反射では不十分である。吸いつく行動を調整できる必要があるし，口に入れたものを飲み込む運動と結びつけなくてはならない。原始反射をもって誕生し，間もなくそれが消失したあと，感覚と運動を協応させて対象にうまく関われるようになることが，0歳から2歳くらいまでの発達の大きな課題である。ピアジェはこの点に注目し，この時期を**感覚運動期**と名づけた。

脳神経系の発達

外の世界に誕生した新生児が直面する発達上の課題は，子宮内とは全く違う環境に適

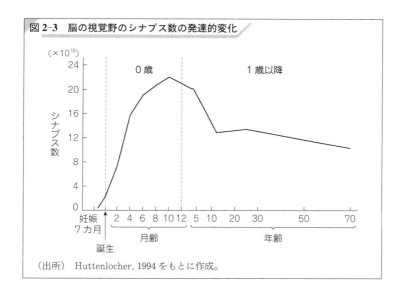

図2-3 脳の視覚野のシナプス数の発達的変化

(出所) Huttenlocher, 1994をもとに作成。

応していくための認知的な体制を作ることである。外界は子宮内に比べて刺激が格段に豊かであり，からだを動かせる自由度もずっと大きい。そこで脳のはたらきが重要になる。多様な感覚情報を処理しからだや各器官に適切な運動の指令を発するためである。その発達過程は「過形成と刈り込み」という初期発達に独特のプロセスを経る。脳では感覚情報や運動の指令をスムーズに伝達できるよう，脳神経の連結部であるシナプスが大量に形成される（**シナプスの過形成**）。その数は大人よりもずっと多いが，幼児期以降大幅に減少する（**シナプスの刈り込み**）。脳の視覚野のシナプスを例にとれば，誕生前から作られ始めたシナプスは生後12カ月前後でピークに達し，以後10歳までにその数が6割程度に減少し成人期に至る（図2-3）。

新生児にシナプスが過剰に生成されるのは，生まれた環境で繰り

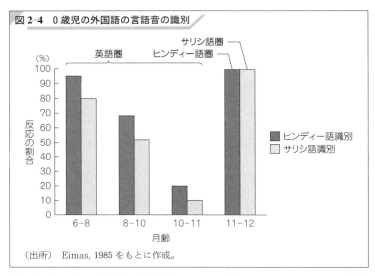

図 2-4 0歳児の外国語の言語音の識別

(出所) Eimas, 1985 をもとに作成。

返し出会うものを素早く学習するためと考えられる。きわめて効率的な学習の準備状態にあるといってよいだろう。そしてあまり出会わない刺激に関係するシナプスはほどなく消えるのである。

　乳児は，シナプスの過形成の反映と考えられる特別な学習能力を発揮する。そのひとつとして，言語音の弁別能力が大人よりもすぐれていることがわかっている。たとえば私たち日本人にとって英語の [r] と [l] や，アイウエオにはっきり対応しない外国語の微妙な母音は区別が難しい。しかし赤ちゃんに試してみると大人よりもよくできる。図 2-4 は，英語圏の赤ちゃんに，英語以外の言語の区別を試した実験の結果である（Eimas, 1985）。生後半年の段階では，その言語を母語とする 1 歳児に匹敵する区別ができていることがわかる。しかしほどなく識別能力は急速に低下する。このような「喪失」は，新生児がどのような言語環境に生まれても基本的な言語音を習得できるように，脳で大量のシナプスが作られ効率的な学習が

可能になっているためである。

> 胎児は記憶を始める

赤ちゃんの記憶能力は胎児のときから発達を始める。聴覚が早くから発達し，外の音や声を聞き，それを記憶している。事実，生まれて3日以内の新生児が，母親の声と別の女性の声を区別することが次のような実験で示されている（DeCasper & Fifer, 1980）。この実験では，赤ちゃんがおしゃぶりを吸う速度に注目し，それが速い場合は母親が本を読む声が，遅い場合は別の女性の声が赤ちゃんの耳に聞こえるようにする。すると赤ちゃんは，母親の声が聞こえるほうの吸啜速度を選んで吸うようになる。母親の声を覚えている証拠と考えられる。

また，母語と外国語を区別し，母語のほうを選好することも明らかにされている。赤ちゃんは胎児のときから母親など外界の声を聞いており，母語のもつ発音やリズムの特徴になじんでいるためである。言語習得をスムーズに進める基礎が胎児期から始まっている。

3 学習の原理の確立1
●循環反応と生得的制約

生まれたばかりのときの運動の多くは，原始反射に代表されるような，外界からの刺激（視覚情報）がすぐに行動に結びつくものであった。

反射は対象の違いに対してあまり融通がきかない。ほどなく原始反射の多くは消失し，外界の情報をもとに運動をコントロールして次第に対象にうまく関われるようになる。たとえば，手に触れる物を何でも握ってしまうのではなく，目で見た物に手を伸ばす行為は，視覚情報にもとづいて手の伸ばし方やつかみ方をコントロールする必要がある。これができることを**感覚と運動の協応**という。

ピアジェは乳幼児の発達過程をつぶさに観察し，0〜1歳頃の感覚運動機能の発達が認知発達の基礎にあると考えた。たとえば同じ行動を何度も繰り返す**循環反応**と呼ばれる現象がある。身近にあるものを手に持っては放ることを繰り返すといった行動である。このとき放るものの形状や材質，重さ等にかかわらず全く同じ放り方をすることを**同化**という。つまり同化とは，自分のもっている行動様式（シェマ）を何にでも適用しようとする対象との関わりかたである。しかし，手につかんだものの形状が前と違ったり，投げたときの落ち方が異なることを目にして，つかみ方や投げ方を変えたとすれば，自分の持つシェマのほうを変える**調節**が起こったことになる。

　さらに複数のシェマどうしを協応させて，目的を達成するための複雑な行為が行なえるようになる。新生児には吸啜反射が備わっているため，お乳を吸うことはできて当たり前と思うかもしれないが，生まれて間もなくの頃は，乳首に触れた方向に顔を向ける，唇で吸い付いて吸う，口に入ったものを飲み込むというそれぞれの反射がバラバラであり，お乳を飲むことは結構難しい。シェマを協応させる，すなわち一つひとつの反射をうまく統合させることで「お乳を吸う」というシェマがスムーズに安定してはたらくようになる。

　このように行為（物の操作）のレベルで同化と調節を繰り返し，対象をうまく操作できるようになることが，のちの認知発達につながるとピアジェは考えたのである。

| **生得的制約：学習をスムーズにする方向づけ** |

脳でシナプスが過剰に作られて赤ちゃんの効率的な学習が可能になる一方で，外界の基本的なことについては，赤ちゃんがゼロから試行錯誤して学習しなくてすむようになっている。見たり感じたりした情報のなかから何を選択し，どのように情報処理するかに関して，人間の脳には生まれつき制約がかかっている。これを**生得**

的制約と呼ぶ。人間が生きる世界に共通して存在し，必ず出会うものについては生まれたときから基本的な知識がそなわっているのである。代表的な知見を紹介しよう。

(1) 見えなくなってもあり続ける

人間の住む世界は一定の大きさと固さをもった「モノ」に満ちている。何かにさえぎられて一時的に見えなくなったとしても，消えてなくなったわけではないことは，どのような環境でも共通している。物理的対象についてのそのような知識を0歳児がもっていることが証明されている。

生後5カ月の赤ちゃんを対象にしたこんな実験がある（Kellman & Spelke, 1983）。箱の向こう側で細い棒が左右にゆっくり動いている。赤ちゃんから見ると，棒のちょうど真ん中の部分が箱に隠れている（図2-5上の「馴化刺激」）。それを何回か繰り返し見せていると，赤ちゃんはだんだん飽きてきて，注視する時間が短くなる（**馴化**）。今度は，箱を取り除いて，棒だけが左右に動くところを見せる（図2-5下の左側）。赤ちゃんの注視時間は大して増えない。箱の向こうで棒はつながっていると思っていたかのようである。一方，箱を取り除いたときに，棒が途中でちぎれていて，それが同時に左右に動いているとする（図2-5下の右側）。つまり，箱のこちらから見ると1本の棒のように見えるが，実際には途中で2つに切れた棒がいっしょに動くような装置を赤ちゃんに見せるのである。すると赤ちゃんの注視時間は急に増える（**脱馴化**）。まるで予想が違って驚いたかのようである。つまり赤ちゃんは，2つの部分がいっしょに動いている対象は，一部が隠れていて見えなくても，つながった1個の物体だと認識していると考えられる（馴化—脱馴化を用いて赤ちゃんの認識を探るこの方法を**馴化法**という）。

私たちの世界では，ひとつの物体がまるごと見えることはあまり

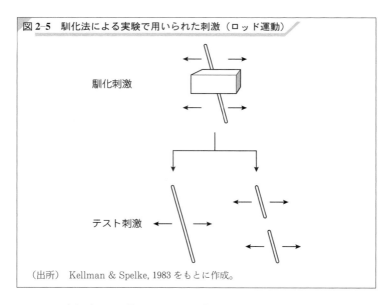

図 2-5 馴化法による実験で用いられた刺激（ロッド運動）

（出所） Kellman & Spelke, 1983 をもとに作成。

ない。一部が何かの後ろになって隠れていることが多い。しかし自分が場所を移動したりして，見えている複数の部分が同じような見え方の変化をするならば，それはひとつながりの物体だと私たちは認識する。このことは私たちの世界ではごく基本的であり，ゼロから試行錯誤して学習しなくてすむように，認知システムに生まれつき制約がかかっているのである。

(2) **赤ちゃんは顔が好き**

赤ちゃんが生まれつき人間の顔のパターンを好む傾向があることが早くから明らかにされてきた。20 世紀半ばの有名な実験（Fantz, 1963）がある（図 2-6）。生後ほんの数日しかたっていない赤ちゃんに，人間の顔の絵とただの模様を見せて注視時間を調べたところ，人間の顔を見る時間のほうが長かった（このような実験方法は**選好注視法**と呼ばれる）。生まれつき人間の顔への特別な好みがあるのであ

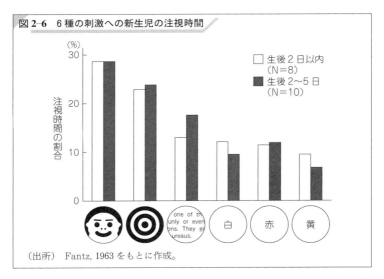

図2-6 6種の刺激への新生児の注視時間

(出所) Fantz, 1963をもとに作成。

る（第4章第1節参照）。この性質は，他者の助けを借りて学習を進めるという人間独自の学習原理と深く関係している。次の節で説明しよう。

4 学習の原理の確立2

● 他者を介しての学習

　感覚と運動の協応がかなり発達する生後8カ月頃になると，感覚情報にもとづくだけではない外界への関わりかた（運動）が芽生える。対象に対して「こうするためにこうしよう」という目的をもったはたらきかけであり，目標と手段の分離と呼ばれる。たとえば赤ちゃんから少し離れたところにおもちゃを置き，赤ちゃんの注意がおもちゃに向いたとき，手前に障害物を置いたとする。生後半年までは，手前の障害物に関心が移りおもちゃを取ろうとする行為が止

んでしまう。しかし生後8カ月くらいになると、障害物を取り除いたり自分で回り込んだりするようになる。おもちゃを取るという目標と、そのためにとる行動（手段）とが分離され、目標を達成するための行動をとるようになる。

　前に書いたように、赤ちゃんはすでに記憶力がそなわっている。障害物にさえぎられて目の前から消えたものを**表象**（representation）として保持することが可能なのである。表象とは現実世界にあるモノを心のなかで再現（re-present）したものという意味である。表象の芽生えはこのあと、他者の意図や注意への気づきとして、愛着の形成（第4章参照）などで発達の重要な節目を作る。

| 他者の意図への気づき |

⑴　三項関係の成立

　生後9カ月頃になると赤ちゃんは、手で触れても大丈夫なのかよくわからないものを前にしたときに、近くにいる親のほうを見るようになる。対象と自分という二項間の関係から進んで、それを見ている他者が認識行為のなかに入ってくるのである。対象が、自分と他者（親）との関係のなかで認識されるといってもよい。それを**三項関係**の成立という。ただし三項関係といっても、単に自己と他者がモノを介して関わることではない。それだけなら動物でもできる。たとえば、犬の飼い主が棒を遠くに投げて犬がくわえてもってくることも、犬にとっては自己―他者―モノの関係である。人間に独自な点は、対象に向けられた他者の関心や注意を認識できるところにある。赤ちゃんはよく、大人がじっと見ていたものを、そうでないものよりも注視するが、これは人間以外の動物ではあまりあてはまらない（動物はもっぱらモノそのものに注意を向ける）。人間の赤ちゃんにこの能力が出現するのは生後9カ月の頃である。対象に自ら関わることではたらきかけ、**同化**と**調節**のメカニズムによって学習をすることに加えて、この時期に他者を介し

た学習が可能になる。認知発達上の大きな変化であり，**9カ月革命**と呼ばれる（Tomasello, 1999）。

(2) 共同注意

三項関係が成立していることの現れとして**共同注意**（joint attention）が知られている。自分が注意を向けたいものを指差して，大人にも注意を向けさせる行為である。また，大人が何かをじっと見ていると，生後9カ月頃を過ぎた子どもは，そちらに目を向ける（Butterworth & Jarrett, 1991）。自分が見てほしいもの，あるいは大人が注意を向けているものに対して，いっしょに（共同して）注意を向けようとするのである。注意を引く対象が実際に存在していなくても，他者の「注意」に反応することは，赤ちゃんの認識が他者の注意という目に見えないもの（表象）にもとづいてなされるようになったことの萌芽だといえよう。

(3) 社会的参照

他者を含めた3項関係のなかで認識を発達させている赤ちゃんは，自分では判断できないものに出会ったとき，他者を見てその反応を手がかりにする。人間だけに見られる**社会的参照**（social reference）という行動である。

視覚的断崖と呼ばれる実験装置を使って1歳児の社会的参照を示した実験（Sorce et al., 1985）を紹介しよう。図2-7のように，はいはいをしている生後12カ月の赤ちゃんの先に透明な強化ガラスがあり，その下が深く落ち込んでいる。深さが1メートルあると，ガラス越しに下をのぞきこんだ赤ちゃんは渡ろうとしない。渡るのは危険だということを自分で判断するのである。しかし深さが30センチくらいだと，渡れるのかどうか赤ちゃんは迷う。このとき向こう側に母親がいると赤ちゃんはそちらを見る（社会的参照）。実験によれば，母親がにっこりほほえんだときは19人中14人の赤ちゃん

図 2-7　視覚的断崖での社会的参照

（出所）　Sorce et al., 1985 をもとに作成。

がガラス板を渡ったのに対して，母親が怯えたり不安げな表情をしたときはひとりも渡ろうとしなかった。

　このように，どうしてよいかよくわからない状況に出会ったとき，赤ちゃんは他者の表情に現れた感情を手がかりにし（参照し），行動をコントロールするのである。社会的参照は乳幼児に限るものではなく，成長後ずっと続く人間の基本的な行動パターンである。たとえば小学生くらいになって親の知り合いの家でお菓子が出されたときに，食べてよいか迷うと親の顔を見るのも社会的参照である。

　赤ちゃんが参照する他者は，母親のような，責任をもって自分を世話してくれる養育者に限られる。この頃赤ちゃんは自分にとっての特別な他者の表象ができ，その表情をほかの人とは区別するようになっている（それゆえに人見知りが起こる）。社会的参照の成立は，第 4 章で述べる愛着の発達と関連し，その後の**対人関係の基礎**とも

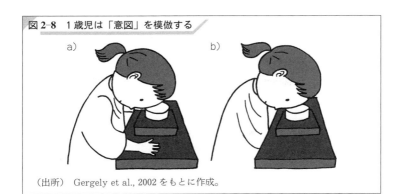

図 2-8 1歳児は「意図」を模倣する

(出所) Gergely et al., 2002 をもとに作成。

なる。

(4) 模倣学習

 0歳の後半になると、赤ちゃんは他者の行為をまね（**模倣**）するようになる。単に行動を模倣するだけならば人間以外の動物も行なう。たとえばチンパンジーは、別のチンパンジーが硬い木の実を切り株の上に置き、石を振り下ろしてその実を割るのを見ると、自分も石をとってきて同じことをやってみる。自己―他者―モノという3項関係が成立している。しかしチンパンジーが認識しているのは、こうすると実が割れるということまでであり、行為する個体の意図（たとえばなぜこの石を選んだのかといったこと）には関心が向かない。人間の場合には、行為だけでなく、意図もまねることができる。

 こんな興味深い実験がある（Gergely et al., 2002）。1歳児に、大人がテーブルに向かってお辞儀をするように額でテーブル上のスイッチを押しているビデオ映像を見せる（図2-8）。押し方には2通りある。ひとつは、大人の両手があいている状態で（両手を広げてテーブルの上に置いて）お辞儀をして額でスイッチを押す（図2-8a）。もうひとつは、からだにマントをまとって両手をそのなかに入れ、胴体

第2章　認知発達の基盤1　39

といっしょにぐるぐる巻きになった状態で額でスイッチを押す（図2-8b）。どちらも額でスイッチを押しているが，これを見た子どもの模倣のしかたは大きく異なる。

　両手が自由になっている状態で額を使ってスイッチを押す（図2-8a）のを見た子どもの多くは，同じようにお辞儀をして額でスイッチを押す。両手があいていて，その気になれば手でスイッチを押せるのにそうしないのは，きっと何か理由があるからだろうと考え，手を使わずにスイッチを押すのである。それに対してマントで両手をぐるぐる巻きにしている（図2-8b）のを見た子どもは，手を伸ばし指でスイッチを押す。この場合は手を使おうにも使えない状態であり，手を使わないことの特別な意図が感じられない。そこで子どもはふだんするように指でスイッチを押すのである。もしもこの実験をチンパンジーにしたとしたら，スイッチを押せば電気がつくという結果を見て，どちらの場合にも手でスイッチを押すだろう。人間だからこそ，結果だけでなく，額で押すことに何か意図があるのではないかと考えたうえで模倣をするのである。

　人間は胎児のときから自発的な運動を活発に行ない，誕生後の新生児は原始反射と呼ばれるいくつかの運動パターンをもつ。しかしそれらの多くは間もなく消失し，感覚情報をもとに脳によってコントロールされた運動が現れ，同化と調節のメカニズムによって学習が進む。赤ちゃんはまた，人間の環境世界の基本的性質について学習がスムーズに進むための生得的な制約をもつ。さらに，他者の視線を追ったり指差しをするなどの，他者の意図を理解していることを示す行動を見せる。他者の視線のような，直接目に見えないものをもとに学習することが，人間では0歳からできるのである。次の章では，幼児期の表象の発達を見ていこう。

第**3**章 *認知発達の基盤 2*

表象の獲得

　第2章では，0歳の後半から赤ちゃんが他者の意図や注意といった直接目に見えないものにもとづいて行動ができるようになることを見てきた。しかしこのあとも6歳頃までは表象能力はまだ萌芽の段階であり，他者の視点や立場そのものを表象としてはっきり焦点をあてて理解することはかなり難しい。自分の視点から見えるものや感じられるものにとらわれがちなのである。表象のはたらきが発達しつつもまだ不十分なこの段階を，ピアジェは**前操作期**と呼んだ。この章では幼児期の表象の特徴と発達について見ていこう。

1 幼児期の表象

見立てて遊ぶ

　1歳の半ばを過ぎる頃には，子どもは身の周りにあるものを別のものに見立て，**ふり遊び**をするようになる。モノにこめられた作り手の意図（機能や使用目的）をモノから分離して，本来の使い道とは別のものとして扱うことができるようになる，それが**見立て**であり，しばしばふり遊びに発展する。たとえばある保育園児が，先生に折ってもらった紙飛行機を飛ばして遊んだ後，それらをカブトムシに見立てて戦いを始めた。紙飛行機は空中を飛ばせて遊ぶという目的（作った人の意図）がこめられているが，それを分離してカブトムシに見立てたの

である。

　見立てやふり遊びができることは，**仮想的な認識**が成立したことを意味する。子どもはふり遊びをしていても，「ふり」（仮想）と現実を混同することはない。こんな実験の報告（加用，1992）がある。

　子どもが砂場などでままごと遊びをしているところに，大人（研究者）が混ぜてもらう。子どもが砂や泥でご飯やハンバーグなどを作って差し出してきたときに，それを実際に口に入れる。子どもが作った「うそっこ」の食べ物に対し，真に受けた行動をとってみせるのである。すると2歳の子どもでも即座に「食べちゃダメ！」と抗議をしたり，驚いて大人の口元や顔をじっと見つめ続けたという。ごっこ遊びをする子どもは，砂のご飯は本物のご飯と違って食べられないことをよくわかっているのである。

| モノと現実を結びつける |

　モノを別のものに見立てられるということは，モノに**象徴的な機能**を与えることができることを意味する。具体的には，実物とその代わりのものとの対応を理解するようになる。部屋とそのミニチュア模型との対応関係について調べた実験（DeLoache, 1989）を紹介しよう。

　家具がいくつか配置された部屋を正確に縮小した模型を作り，実際の部屋の隣室に模型を置いて，それを2～3歳児に見せる（図3-1）。何度も部屋を行き来させて対応関係を確認させたあとで，模型のなかのソファーの後ろにぬいぐるみのミニチュアを隠し，隣の本物の部屋の同じ場所にぬいぐるみが隠してあるから見つけるよう指示する。3歳児は8割近くが探し出せるのに対して，2歳半では2割に満たない。子どもたちは隠し場所を忘れたわけではなく，あとで模型の部屋を見せてどこにミニチュアのぬいぐるみを隠したかを尋ねると，ほとんどの子どもが覚えている。実物の部屋と模型の部

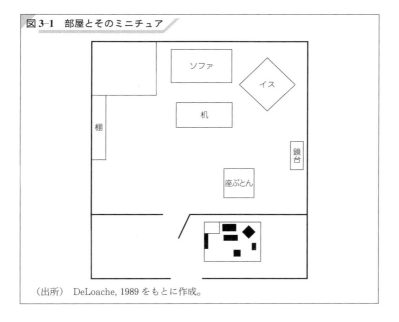

図3-1 部屋とそのミニチュア

(出所) DeLoache, 1989をもとに作成。

屋とで,ソファーとぬいぐるみの位置関係を表象することはできるが,両者を関係づけることが2歳児には困難なのである。

　ミニチュアのソファーの後ろにぬいぐるみを隠すところを見せるのではなく,「ここに隠すね」と言ってソファーを実験者が指差すだけだとどうだろう(ミニチュアのぬいぐるみは登場しない)。先ほどの条件とほとんど変わらないように思えるかもしれないが,2歳児にはずっと簡単になり,ほとんどの子どもが実物の部屋に行ってぬいぐるみを探し出せたという。ぬいぐるみのミニチュアが登場する条件では,実物のソファーとぬいぐるみ,ミニチュアのソファーとぬいぐるみ,という2つの関係を理解し,その関係を表象として対応づけなくてはならない。2歳児にはそれが難しい。「関係の表象」どうしをさらに関係づけることは,1段階高次のことなのである。

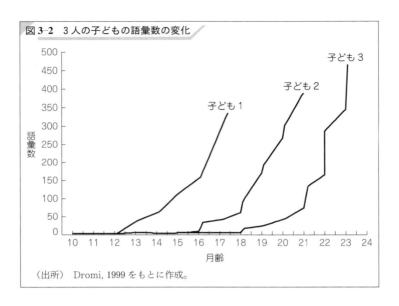

図3-2 3人の子どもの語彙数の変化

(出所) Dromi, 1999をもとに作成。

ことばの発達　　表象のはたらきが最もはっきり現れる発達的変化がことばの獲得である。1歳前後から、赤ちゃんはことばを発し始める。その数の増加は、はじめのうちはゆっくりであり、一度言えてもその後発せられないことばも少なくない。また、たとえば「マンマ」と言っても、食べ物をせがむなどの欲求の表出の機能を兼ねていることが多い。

1歳を過ぎる頃から、名詞は大人とのやりとりのための機能から分離され、もののラベルだという認識（象徴機能）が子どものなかに成立する。いったんそれが自覚されると、「これは何？」と盛んに大人に尋ねるようになり、1歳後半から2歳にかけていわゆる語彙爆発の段階に至る。図3-2は3人の子どもの語彙数の変化の様子である（Dromi, 1999）。語彙爆発が始まる時期は個人差があるが、いったん始まると急激な増加を示すことがわかる。やがて動詞の使

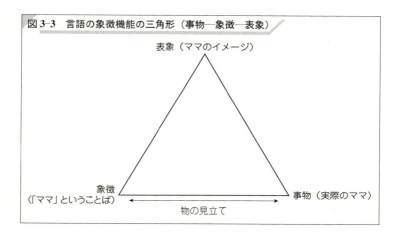

図 3-3 言語の象徴機能の三角形（事物—象徴—表象）

い方を覚え，ことばによるコミュニケーションが充実していく。

　ことばは象徴機能をもつものの典型である。図 3-3 は事物・ことば・表象の関係を表したものである。ことばはそれ自体としては特定の事物と結びつく必然性はない。自分の母親が「ママ」という音と対応する必然的な理由は何もない。表象を介して，事物（母親）とことば（ママ）とが結びつくのである。ことばの獲得は，見立てやふり遊びなどの象徴機能と同様の認知的基盤のうえに成立している。

2 自己中心性

●幼児の思考の限界

視点を換えることの難しさ

　3 歳になることばがかなりしゃべれるようになり，見立てやふり遊びができ，実物と模型の対応関係がわかるようになるが，表象の発達はまだ道半ばである。どのような点が不十分なのだろう。

幼児期の認知発達の大きな課題は，いまの自分の見方（表象）を，それとは別の見方（表象）と関係づけることである（**表象の操作**）。具体的にいえば，「いまはそう見えるけれど本当はこうなのだ」という理解をすることである。3歳前後ではまだそのような認識が困難である。表象がひとつの側面にとらわれてしまう認識のしかたを**中心化**という。自分の視点からの見え方，感じ方にとらわれることが多いので，そのような傾向を**自己中心性**という。

見かけと本当の区別

　幼児はものの見かけにとらわれてしまう傾向が強い。「見かけと本当」の区別が幼児期に大きく発達することは，たとえば次のような実験（DeVries, 1969）がよく示している。

　人によくなついているおとなしい猫をつれてきて，子どもとしばらく遊ばせたあと，顔にオオカミのお面をつける。大きな牙があり，見た目はこわいお面である（図3-4左下）。その猫とまた遊んでというと，子どもはどのような反応をするだろうか。3歳から6歳までの変化を表したのが図3-4の右のグラフである。

　先ほどまで遊んでいた猫なのに，3歳児の多くはオオカミのような見かけにとらわれてしまい，怖がって猫をさわることもできなくなる。オオカミの見かけと「本当」（おとなしい猫）の表象を関係づけることができず，見かけのものに中心化してしまうのである。それに対して5～6歳児は見かけに惑わされて怖がることはない。同じ1匹の猫に対して，いまはオオカミのように見えることと，お面をつけるまではおとなしい猫であったという2つの表象を結びつけることができるのである。

　幼稚園でのこんなエピソードがある。夏の夜に園児たちと先生とでキャンプファイヤーをした。火を囲んでみんなで歌を歌ったりしていると，園庭の隅にある大木の向こうに宇宙船が降り立った。先

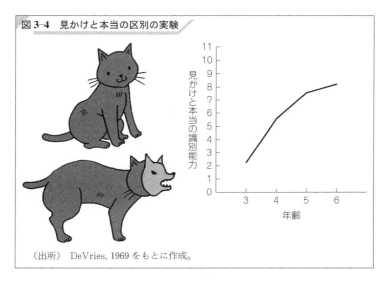

図 3-4　見かけと本当の区別の実験

（出所）DeVries, 1969 をもとに作成。

生がみんなで宇宙人を呼ぼうといって、全員で大きな声で呼ぶと、大木の陰から宇宙人が現れた。すると3歳の子たちは本当に怖がって我先に園舎に逃げ込んでしまう。一方5歳児は、園の先生が宇宙人の扮装しているに違いないと考え、「〇〇先生はいるか？」などと探し始めた。

　3歳と5歳の間では、見かけと本当の区別の発達の違いがこのように明確に現れる。3歳児は、表象を作ることはできるが、ひとつの表象に中心化してしまうために別の見方をすることが難しい。前に述べたように、3歳児は見立てやふり遊びができるが、何人かでおままごとをしているのを観察していると、ほかの子の見立てを十分に理解しイメージを共有しながら進めていないことが多い。各自が自分の「ふり」の世界で遊びを進めており、「ふり」のうえでのやりとりがそれほど見られないのである（並行遊びと呼ばれる。第4章参照）。

図 3-5　数の保存課題

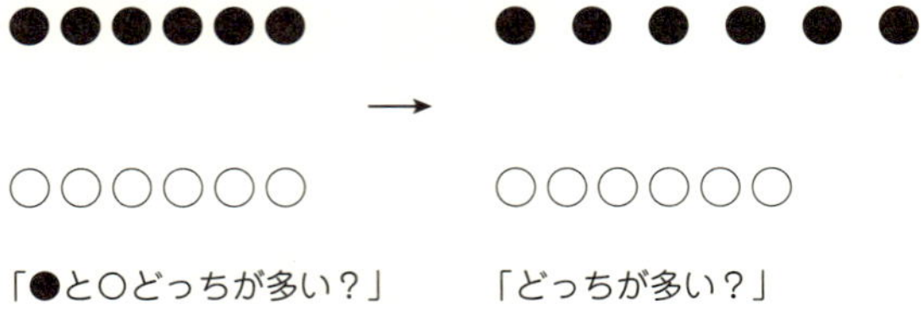

「●と○どっちが多い？」　　「どっちが多い？」

<u>見かけで数える</u>　　ことばを覚えると同時に，子どもは数を言えるようになる。しかし幼児のうちは独特の数の認識をする。数は，足したり引いたりしなければ，位置などの見かけが変わっても数そのものは変わらない。それが理解できることを**数の保存**が成立しているという (Piaget, 1952)。しかし幼児は，見かけが変化すると数も変化したと考えてしまう（数の非保存）。

　子どもの前に白い碁石が6個と黒い碁石が6個，2列に並べてあるとする（図3-5）。子どもに「どっちが多い？」と尋ねると，「同じ」と答える。次に黒い碁石の間隔をあけて列を長く伸ばしたうえで，同じ質問をすると，3歳児や4歳児では黒い碁石の列のほうが多いと言う子が多い。見かけが長くなったほうの列を「多い」と答えてしまうのである。最初に2つの列の碁石の数を数えさせ，両方とも同じ数であることを確認してから一方の列を長くしても，やはり黒い石のほうが多いと言う。列が長くなっても「数は同じ」と答えられる（数の保存が成立している）のは6歳から7歳にかけてである。

　数の非保存の反応は，「見かけと本当の区別」と同様，一方の列が見かけのうえで長くなったことに認識が中心化してしまうために起こる。見かけのうえでの変化と数の表象とを関係づけることができないのである。

図 3-6 「ふたとビン」によって1対1対応を強調した保存課題

　この課題を，見かけ（列の長さ）と本当（数）の区別をせずにすむようにすると，4歳児から数の保存に相当する答えを引き出すことができる。たとえば2つの列の構成要素が1対1に対応している題材を用意し，列の長さを変えたあとも1対1対応が保持されているかを尋ねるのである。

　図3-6のようにビンとふたを使い，最初にふたをビンにはめて提示する。ふたとビンがセットになっていることを強調するのである。ふたをはずして，ふた5つとビン5本を横にならべて保存課題を行なう（図3-6右）。片方の間隔を広げたとき，「ビンにはみんなふたがはめられるかな？　余るものや足りないものはないかな？」と尋ねる。こうすると，4歳児でもかなりの子どもが正答できるし，非保存児とされた子どものなかにも正解する子どもが出てくる。この条件では対応関係に注意が向けられればよく，「数」と列の長さとの食い違いが問題の焦点にならない。異なる表象をそれぞれ意識しつつ統合する必要がほとんどないのである。

ほかの場所からはどう見えるか

　空間関係の発達について，やはりピアジェに始まる有名な実験がある（Piaget & Inhelder, 1956）。図3-7のようにいくつかのものをテーブルの上に並べ，自分とは別の視点から見たとしたらどのように見えるかを子どもに尋ねてみる。ピアジェが3つの山の模

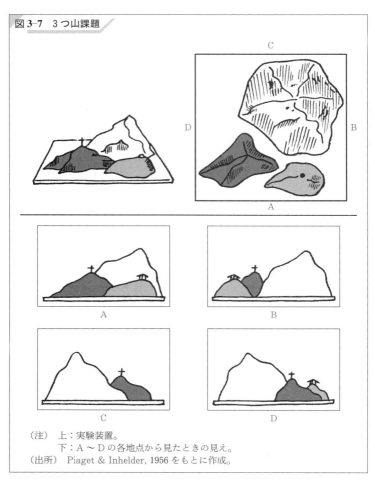

図3-7 3つ山課題

(注) 上:実験装置。
　　　下:A〜Dの各地点から見たときの見え。
(出所) Piaget & Inhelder, 1956をもとに作成。

型を題材にしたので、**3つ山課題**と呼ばれる。いくつかの視点から3つの山を描いた絵が選択肢として用意され、子どもはそのなかから、指定された地点からの見えを選ぶよう求められる(図3-7下)。幼児にとってはかなり難しい課題であり、特に自分自身の視点から

見えているのと同じ絵を選ぶことが多いとされる。

この課題では，自分に見えている3つの山の位置関係とは異なる位置関係（見え方）を表象し，自分の見え方と区別しつつ答える必要がある。それは幼児にはたいへん難しい。しかし一方，他視点からの「位置関係」を答えるのでなく，他視点から見るとどの山がいちばん近くに見えるかと尋ねると，ぐっとやさしくなり3歳でもかなり正解できる（Borke, 1975）。自分とは異なる見え方（位置関係）を自分からの見え方と統合する必要がないからである。

> 心という概念を知る

9カ月革命（第2章第4節参照）を経て，子どもは他者の意図を認識し，新しいことを学ぶ際の助けにする。ただしそれは，他者が目の前にいてその言葉や顔色を直接知ることができる場合である。そこから一歩進んで，他者が目の前にいなくても状況だけをもとに他者の意図や感情を推論すること（「こういうときに他者はこう考えるだろう」）は発達的にかなり高次のことである。それが可能になることを，他者についての**心の理論**を獲得したという（Astington, 1993; Premack & Woodruff, 1978; Wimmer & Perner, 1983）。

「心の理論」についての代表的な課題は，2つの人形が登場する人形劇の形式をとる。場面は家のなかである。まず「まさや君」がお菓子を持って登場し，それを戸棚に入れて部屋を出ていく。次に「つばさ君」が部屋に入ってきて，そのお菓子を冷蔵庫のなかに移して，部屋を出ていく。その後再びまさや君がお菓子を食べようと部屋に戻ってくる。そのとき，「まさや君はどこを探すと思いますか？」というのが問題である。まさや君は戸棚にお菓子をしまって部屋を出ていったから，まだ戸棚のなかにあると思っており，戸棚を探すと答えるのが正解である。しかしお菓子はその後で冷蔵庫に移され，いまは戸棚にはない。4歳くらいまでの幼児は，この質問

に対して「冷蔵庫」と答えてしまう。

　はじめにまさや君がお菓子をどこにしまったかを尋ねると，ほとんどの子どもが正しく答えられる。つまりその表象をもっている。しかし人形劇を最後まで見た子どもは，お菓子がその後冷蔵庫のなかに移されたことを知っている。幼児はその表象に中心化してしまうために，まさや君がお菓子のある場所をどこだと思っているかを正しく答えられないのである。

3　脱中心化の芽生え

　幼児期の子どもは表象にもとづいて見立てやことばによるコミュニケーションができるようになる一方で，表象がひとつの側面に中心化する傾向があることをここまで紹介してきた。その段階を経て，異なる表象や見方をうまく統合できるようになることを**脱中心化**という。ピアジェの発達理論では6歳くらいからのこの時期を**具体的操作期**と呼ぶ。

　しかし子どもは6歳になって急に脱中心化をするわけではない。もっと早い時期から日常生活のなかで，家族とのやりとりを重ねながら，脱中心化の下地を作る。たとえば昼間に公園でカラスを見たことを親に話すとしよう。親といっしょにカラスを見たのであれば「カラス見たね」と言い，親がそのときいなかったのであれば「カラス見たよ」と言うような使い分けが，2〜3歳児で観察される。相手が何を知っているかを考え相手の立場に立った言葉づかいをすることが，家族との会話ではかなり早くから可能なのである。

　脱中心化は，ルールや法則にもとづいた論理的思考ができるようになることでもある。自分の考えや欲求とは一歩距離を置き，ルー

ルにもとづいて物事を理解したり自分の行動を制御したりするのである。「こういう理由や原因があるから、いまこうなっているのだ」という思考や、「こういう決まりがあるからこうしないといけないんだ」という納得のしかたが脱中心化の現れである。次に、2～3歳児の家庭場面での観察から、子どもが決まりを守って自分の行動を調整することがどのように可能になるのかを見てみよう。

家庭内でのやりとりからの学び

どんな家庭にも、生活の秩序を保つための決まりがある。他人に乱暴をしてはいけないという道徳に関することや、何時に寝なくてはいけないとか物を片付ける場所など、生活習慣に関することである。子どもが自分の欲求を通そうとすると、しばしばこれらの決まりに抵触する。親は注意をし、その行動がなぜいけないのかを言って聞かせる。

子どもは早い段階から、親が怖い顔をしていることの背後にある、なぜ叱るのかという理由（親の行動原理）をわかろうとする。たとえば、きょうだいのお菓子を食べて怒られると、何日かして再びきょうだいのお菓子の袋を手に持って母親のところに見せにくることがある。子どもが決まりを知ろうとすることの現れであり、予測される親の行動を確認しているのである。このような行動は、自分がしようとすることを家庭内の決まりや母親の考えに照らしあわせることであり、脱中心化の始まりといってよい。

1歳の子どものいる52の家庭に定期的に観察に入り、母親やきょうだいとのやりとりがどう発達するかを観察したイギリスの研究（Dunn, 1988）を見てみよう。図3-8は、母子の間で対立が生じたときに、そこでどちらかが理由づけや正当化（言い訳）をした割合を示したものである。

母親と子どもの葛藤場面で親が「してはいけない理由」を言って

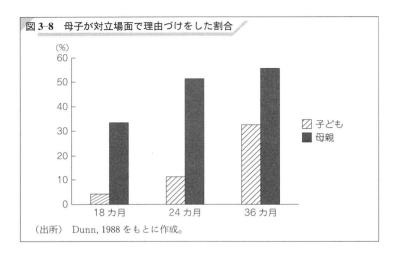

図3-8 母子が対立場面で理由づけをした割合
(出所) Dunn, 1988をもとに作成。

聞かせることが，1歳半から2歳にかけて増えることがわかる（黒の棒グラフ）。この時期は，子どものことばの理解力が急速に高まる時期である。親はそれに合わせて，してはいけない理由を言って聞かせるようになるのである。

一方，子どもの言い訳（正当化）が増加するのは，それから半年ほど遅れて，2歳から3歳にかけてである（斜線の棒グラフ）。それまで親から言われたことを子どもなりに理解し，今度は自分の行為を正当化しようとしはじめるのである。

3歳になると，「わざとやったんじゃない」という言い訳をするようになる。「知らずにやってしまったこと」と「わざとやったこと」とを区別するようになるのである。それだけ意図をはっきりと表象できるようになるといってよいだろう。

ルールを理解し，それにのっとった行動をするといっても，2〜3歳では限界がある。自分がどうしたいという意図や欲求があったうえで，これはして大丈夫，これはいけない（叱られる）という理解

がされる。つまりもっぱら自分自身が何かをするとかされるという文脈で理解がなされるのであり，それを離れた抽象的な課題を出されると自己中心的な答えをしてしまうのである。

「心の理論」再考

子どもは2～3歳から家庭の決まりを理解し，親やきょうだいの行動を予測し，その背景にある行動原理を推察するようになる。ふだんの生活でそのような経験をし思考を発達させているとすると，先に述べた「心の理論」課題を，幼児がもっと考えやすい設定に修正することで，より年齢の低い子どもが正解できるのではないだろうか。従来の「心の理論」では，5歳くらいにならないと他者の知識や意図を正しく表象し答えることができないとされた。「心の理論」課題では，登場人物の考えていること（どこにお菓子をしまったか）を客観的に推測することが求められる。上に述べた考察からすると，子ども自身が他者に対して能動的にはたらきかける状況を設定すると，より年齢が低い子どもでも正解できるのではないだろうか。

通常の「心の理論」課題のように「登場人物がどうするか」（どの場所を探すか）と問うのでなく，人形劇を見ている「あなた」はどうしたらよいか，と問うことにしたらどうだろう。先の課題にそっていえば，まさや君とつばさ君が2人ともお菓子を食べようとして部屋に戻ってくる設定にし，「あなたが助けてあげたほうがよいのは誰かな？」という質問をするのである。いうまでもなく，知らない間にお菓子のしまい場所を変えられてしまったほうの子ども（まさや君）を答えるのが正解である。

このことを実験して調べた結果が図3-9である。黒い棒グラフが通常の「心の理論」課題に回答した群の得点，薄い色の棒グラフが「助けてあげたほうがよいのは誰かな？」という聞き方をされた群の得点である。後者の「助っ人」課題にした場合には3歳児からも

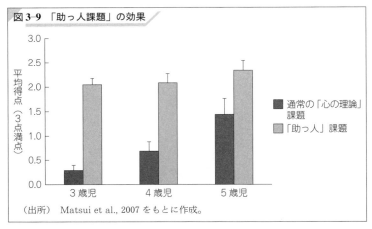

図 3-9 「助っ人課題」の効果
（出所） Matsui et al., 2007 をもとに作成。

高い正答率が得られた（Matsui et al., 2007）。幼児はお菓子のしまい場所の移動の経緯をよく覚えているから、「教えてあげる」という自己の行為（はたらきかけ）の文脈で質問をすることで、正しく答えられるのである。お菓子のある場所の表象を問題にすることを避け、「自分が考えているところにお菓子がない子どもは誰か」を考えさせることで、3歳児が日常生活で獲得している「心の理論」を引き出しているのである。

「心の理論」のさらなる発達は、嘘を上手につけることに現れる。3歳児も嘘をつくが、たいていわがままを通したいための見えすいた嘘であり、大人がだまされることはない。しかし5歳くらいになると、相手が何を知っていて何を知らないかを的確に推測し、大人が本当にだまされる嘘をつく。表象としての「心の理論」を柔軟に駆使できるようになるのである。

大人の視点に立つ　自己中心性を脱し始めた幼児に、大人の視点をとって考えるよう促したらどうだろう。幼児はすでに他視点をとることがときには可能なのだから、それに

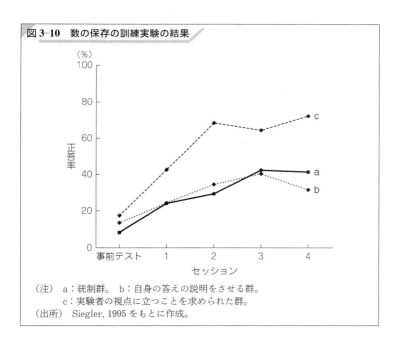

図 3-10 数の保存の訓練実験の結果

(注) a：統制群。 b：自身の答えの説明をさせる群。
c：実験者の視点に立つことを求められた群。
(出所) Siegler, 1995 をもとに作成。

よって発達が大きく進むかもしれない。それを示した実験（Siegler, 1995）を紹介しよう。

シーグラーは，「数の保存」が成立していない幼児（4歳6カ月〜6歳1カ月）を集め，4セッションにわたる訓練実験を実施した。子どもが誤った答えをした場合，実験者が正解（保存反応）を示したのだが，その後の指示によって3つの群に分けられた。1つの群では，実験者がなぜそう考えたと思うかを子どもに考えさせた（図3-10の折れ線c）。ほかの2つは，子ども自身の答えの説明をさせる群（折れ線b）と統制群（折れ線a）であった。結果は，実験者の視点に立つことを求められた群（折れ線c）で保存反応をする割合が大幅に上昇した（図3-10）。

自分より知識がある大人の立場に立つよう求めるのはかなり無理な要求に見えるかもしれない。しかし4歳になれば子どもは数を数えられる。列の見かけの長さでなく数にもとづいて考えればよいということに気がつけばよいのである。大人の視点をとるよう促すことで，この訓練実験の結果が示すように，子どもはそれまで使わなかった既有知識を使うことに気づく。あるいはまた，家庭内での母子のやりとりの観察が示すように，大人の視点を取り入れて自分の行動を変えることを早くから子どもは学習している。こうして自己以外の視点から自己や物事を考えることが可能になる頃に子どもは学校に入る。学校という発達的文脈における学習は第6章で取り上げよう。

　この章では，子どもの認知発達の基盤として表象の発達を見てきた。子どもはものを見えるとおりではないものとして，すなわち見立てや象徴として理解することがかなり早くから可能である。そして幼児期を通して他者の視点に立って物事を理解する力を徐々に獲得していく。物事の見た目に惑わされず，「さっきはどうだったか」「決まりからするとどうすべきか」といったことがわかること，そして他者が知っているはずのことにもとづいてその行動を予測することは，他者と関係を結び社会のなかで生きていくことの基礎となる。第Ⅱ部では，他者との関係性や自己の発達に焦点をあてて子どもから大人までの発達を見ていこう。

第 II 部

生涯にわたる発達

第4章 他者との関係性のはじまり

基礎と展開

　人の発達にとって，人との関わりが重要であることには，疑問がない。赤ちゃんの微笑に接すると，大人はまるで自分が赤ちゃんから選ばれたように思われ，世話行動へと駆り立てられる。赤ちゃんの微笑は，適応的な意味をもった生得的な反応なのである。世話行動を通して，赤ちゃんと養育者との間に情緒的な絆が形成される。それは対人関係の基礎となり，さらに遊びを通して広がっていく。本章では人の関係性の初期発達を，①生得的な能力，②愛着，③遊びという3つの側面から捉え，それぞれのメカニズムと役割について説明していく。

1 他者認識のはじまり

　第2章で見たように，生まれたばかりの赤ちゃんは原始反射をするものの，活発に動けるというわけではない。しかし赤ちゃんは身近にいて自分の世話をしてくれる大人との関係を結ぶために，生後間もない頃からさまざまなことができる。赤ちゃんには，接する大人が思わず引き込まれ，赤ちゃんをいとおしいと思わせるような行動が，生まれつき備わっているのである。

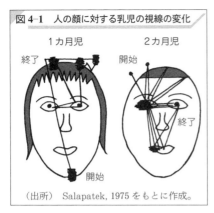

図4-1 人の顔に対する乳児の視線の変化

（出所） Salapatek, 1975をもとに作成。

赤ちゃんは目を見たがる

赤ちゃんは生まれたときから人間の顔を好んで見る性質がある（第2章参照）。生後ほんの数日しかたっていない赤ちゃんであっても幾何学的な模様よりも人間の顔を好んで見る。この傾向は月齢が進むとさらに強まる。図4-1は、生後1カ月児と2カ月児が、人の顔の絵を見たときに注視点がどのように移動し、どこで停留するかを示したものである。2カ月児のほうが、目などの顔の重要な部分を注視するようになる。顔の見方が上手になり、相手の表情がよりよくわかるようになるのである。

赤ちゃんのつぶらな目でじっと見つめられることで養育者はいとおしさをつのらせ、何度も赤ちゃんの顔を見たくなるだろう。そして赤ちゃんが自分を頼り、求めていると感じ、自分と赤ちゃんとが特別な関係であるという思いを深くするに違いない。それは特に世話が大変な時期の養育者にとってとても重要なことである。

他者をまねる

赤ちゃんは生まれつき、目の前の大人の表情を反射的にまねることができる。生後3週の赤ちゃんに対して行なった実験によると、大人が舌を突き出したり、口を開いたり、唇を突き出すといった表情を示すと、赤ちゃんは同じような表情をする（図4-2）。また、手をにぎにぎすると同じようににぎにぎする。これは**新生児模倣**と呼ばれる、一種の反射反応である（Meltzoff & Moore, 1977; 1983）。

図4-2 新生児による大人の表情の模倣

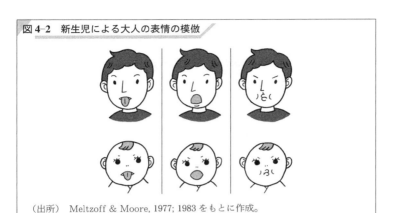

（出所）Meltzoff & Moore, 1977; 1983をもとに作成。

　新生児模倣は，模倣することによる他者とのやりとりの萌芽と考えられている。他者の表情を模倣することは，自分も同じ感情を生じさせることになるのである。この模倣行為は，**共感性**の基礎である。共感性とは，相手の感情を理解し，相手と同じような感情を自分自身も体験する情緒反応であり，対人関係になくてはならない能力である。

　赤ちゃんと母親が見つめあい相互に微笑を介して情緒をやりとりすることは，他者との関係を形成するためにとても重要である。

　赤ちゃんのほほえみ　　原始反射とともに新生児に独特の反応として，ひとりでにほほえむことが知られている。生後まもない頃の赤ちゃんはまどろんでいるとき，外からの刺激とは全く無関係に微笑を浮かべる。**生理的微笑**または**自発的微笑**と呼ばれる。養育者にしてみると，不安や負担の大きい乳児期の子育ても赤ちゃんの幸せそうなほほえみを見ればその大変さが報われる思いがするものである。

　赤ちゃんは何かを見たときにも，それがどんな顔であってもほほ

えむことが多い。実験によれば,生後1カ月くらいでは大人がわざと無表情の顔を赤ちゃんに向けても,さらに絵に描いた顔にさえもほほえむ。しかし2〜3カ月になると,実際の人間からの声かけや視線,ほほえみに接したときに限って,それに応える形でほほえむようになる。この微笑は,他者からの関わりによって生じるので,**社会的微笑**または**誘発的微笑**という。

　赤ちゃんの愛らしい微笑は,養育者だけでなく関わる人の微笑を誘う。誰でも赤ちゃんにほほえまれるとほほえみ返してしまうものである。養育者にとって赤ちゃんに好まれていると感じることは,自分との特別な絆の存在を感じさせる。そしてさらに愛らしく感じ,養育行動を動機づけられる。こうして赤ちゃんと養育者の間には**情緒的な絆**が形成されていく。

　赤ちゃんが生まれたばかりのときから人の顔への選好を示し,微笑することから推測されるように,赤ちゃんは養育者にはたらきかけをする存在である。大人(養育者)はそれによって赤ちゃんをいっそうかわいいと感じて養育に励む。赤ちゃんは自分自身が引き出した大人からの応答によって成長するともいえる。発達は周囲との相互作用によって進むのである。

8カ月不安

　赤ちゃんは6カ月頃から次第に母親やなじみのある人とその他の人を区別した反応を示すようになる。そして8カ月前後になると,よく知っている人にはほほえむが他の人にはほほえまなくなる。またよく知らない人が近づき,抱こうとすると,泣いたりして抵抗するなど,人見知りと呼ばれる態度を示す。それまでの関係性の違いによって,相手が誰かによって異なる情緒的反応をするようになるのである。このような人見知り行動が特に顕著になるのは生後8カ月に入った頃であることから,この現象を**8カ月不安**と呼ぶ。

8カ月不安が生じるのは，主たる養育者（母親の場合が多い）とのこれまでの関わりによって，赤ちゃんのなかに自分を世話し安心させてくれる他者との情緒的絆が生まれたことを示している。つまり，自分の世話に責任をもち安心を与えてくれる人は，ごく限られた人であることがわかり，その人のイメージが記憶として定着し，その人とそれ以外の人が区別されたのである。その意味で8カ月不安は，特定の他者との関係の認識が赤ちゃんのなかに成立したことの目印となる。また，養育者にとっても，自分が特別に選択されることは赤ちゃんとの強い情緒的な絆と感じられ，これまでの育児への報酬として受け取られる。赤ちゃんにとってこのような安心を与えてくれる意味のある他者は母親だけとは限らない。毎日接している父親や保育者も同じように特別な存在とみなされる。赤ちゃんにいわば選ばれた周囲の大人はそれに応えようとして，子どもの養育にさらなる責任と喜びを感じるのである。

> 親しい他者を頼る

　養育者との情緒的関係が成立すると，赤ちゃんはその人の表情から環境についてのさまざまな情報を受け取ろうとする。第2章で述べられた**社会的参照**である。どんな行動をとればよいか迷うようなものを前にしたときには，養育者の表情にもとづいて判断をするのである。情緒的関係を結んだ養育者への社会的参照は，赤ちゃんが新しいことを学習していくうえでの基礎になるのである。

2 人との情緒的結びつきのはじまり

　無力な赤ちゃんが成長するには，自分を世話してくれる大人との間に情緒的な絆をつくることが不可欠である。ここでは，成長後も

対人関係を作るうえで基礎となる情緒的関係について見ていこう。

> 愛着とは

(1) 愛着理論

乳児期に自分の世話をしてくれる主たる養育者（愛着理論では母親が想定されることが多い）との関係性は、生涯にわたりその人のこころの発達の基礎となっていく。赤ちゃんにとって自分を養育してくれる特別な存在との間の情緒的絆を**愛着（アタッチメント**〔attachment〕）という。愛着についての理論を提唱したのはイギリスの精神分析家ジョン・ボウルビィである。1950年代にボウルビィは、当時の乳児院で問題となっていた乳児の死亡率や罹患率の高さを調査し、原因は養育者とのあたたかい関わりが奪われている状態、すなわち母性剝奪（マターナル・ディプリベーション〔maternal deprivation〕）であると結論づけた（Bowlby, 1958）。彼は乳幼児と母親との人間関係が、親密かつ継続的で、両者が満足感をもつ状態が、乳幼児の性格発達や精神衛生の基礎であるとして、発達の初期に母子の情緒的絆である愛着を形成することの重要性を主張した。ボウルビィによれば愛着は、保護や世話をしてもらわないと生きていけない乳幼児が、特定の他者と密着することを求める本能的な欲求である。

(2) 愛着行動

8カ月前後のいわゆる人見知りの頃になると、赤ちゃんは母親や父親など、主たる養育者以外の人があやしても泣き止まないことがある。赤ちゃんにとって養育者がいないことは不安で恐ろしくさえもある。その大人が戻ってくると泣きは嘘のようにぴたっと止まり、機嫌がなおってしまう。

無力な赤ちゃんが生き残るために、自分を保護してくれる特定の対象を求め、安全であるという感覚を得ようとする行動を**愛着行動**という。赤ちゃんの愛着行動には、泣き、微笑、発声、喃語(なんご)、特定

の身振りなどの**シグナル行動**と，近づく，後追いする，しがみつく，抱きつくなどの**接近行動**がある。

これらの愛着行動は，安全を求める意味で食欲などと同じく生存に必要な生得的な欲求の反映である。それを示したのはアカゲザルを用いた実証研究である（Harlow & Zimmermann, 1959）。その研究では，サルの赤ちゃんの母親に対する摂食の欲求（母親の授乳機能）と愛着の欲求（母親の安心を与える機能）を比較した。親から引き離したサルの赤ちゃんを，授乳する装置のついた針金製の母親ザルと授乳装置のついていない柔らかい布製の母親ザルが置いてある部屋に入れ，しがみついている時間を比べた。するとサルの赤ちゃんはお乳をくれる針金製の母親よりも，お乳をくれない柔らかい布製の母親の近くで1日の大半を過ごし，大きな音を出して恐怖を与えると，布製の母親のほうにしがみついた。安心を感じられるようなあたたかみのある対象に接近し，不安なときにしがみつこうとする愛着とはそれ自体がひとつの欲求だったのである。

> 愛着は行動を支える

赤ちゃんと主たる養育者との相互作用によって，その人が愛着対象となり，さらにその愛着対象との関係のありようがその赤ちゃんに内化されることを，**愛着の内的ワーキングモデル**が形成されるという。その形成を通して，愛着の発達はその後の対人関係に大きな影響を与える。愛着の内的ワーキングモデルの発達は4つの段階に分類される。

第1段階は生後2～3カ月くらいまでであり，人物の弁別をともなわないシグナル行動が中心である。誰に対してもほほえむ「無差別な社会的反応の段階」である。6～7カ月までの第2段階では，母親をはじめ重要な人物を弁別してシグナル行動や接近行動などの愛着行動が見られ，特定の人物（愛着対象）に対して愛着を形成しはじめる。

6カ月から2～3歳までの第3段階は，明確な愛着形成期といわれ，移動機能が発達して愛着対象へ積極的に近づいたり，愛着対象がそばを離れようとすると抵抗したり後追いするなどの活発な接近行動が現れる。さらに，愛着対象との接近を保ちながら，次第に移動の範囲を広げ探索を行なうようになる（探索行動）。それまでの関わりの積み重ねから，愛着対象を**安全基地**として利用できるようになるのである。

　3歳以降の第4段階では，愛着対象が内化されて愛着の内的ワーキングモデルが形成される。留守番のように養育者が一時的にいなくなっても，必ず帰ってきて世話をしてくれる信頼できる存在としての表象ができ，我慢して待てるようになる。その人が出かける動機や目的を理解し，それに合わせて自分の目標を修正したり欲求を抑えたりできるようになるのである。

愛着の個人差　探索行動や離別の反応を用いて**愛着の個人差**を測定する方法がエインズワースの開発した**ストレンジ・シチュエーション法**である。1歳児を対象とし，母親との分離（離別）の場面を含む以下のような手続きを用いて赤ちゃんの反応を比べる方法である（図4-3）。

① 観察者が母親と子どもを実験室に案内し，母親と子どもに所定の位置を教え退室する。
② 母親は椅子に座る。子どもは部屋にあるおもちゃを示され，自由な探索行動を促される。
③ ストレンジャーが部屋に入り，椅子にすわる。
④ 母親が退室し，ストレンジャーと子どもが部屋に残される（1回目の母子分離場面）。ストレンジャーは子どもに近づいてはたらきかける。
⑤ 母親が部屋に戻ってきてストレンジャーは退出する（1回目の

図4-3 ストレンジ・シチュエーション法の8場面

(出所) 繁多, 1987をもとに作成。

再会場面)。母親は子どもに話しかけ, 遊びに誘導する。
⑥ 母親が再び部屋を出る。子どもはひとりで残される (2回目の母子分離場面)。
⑦ ストレンジャーが入室し, ④と同様に子どもにはたらきかける。
⑧ 再び母親が部屋に戻る (2回目の再会場面)。母親は子どもにはたらきかけ慰める。ストレンジャーは退室する。

観察された分離と再会場面の反応の違いから赤ちゃんの示す愛着には安定型と2つの不安定型の3タイプがあることがわかった。安定型（Bタイプ）の赤ちゃんは，母親といっしょのときは安心して探索行動ができ，母親が退室すると泣くが，再会場面では母親を歓迎してすぐに感情を回復させた。2つの不安定型のうち，回避型（Aタイプ）は，母親が退室しても後追いすることがなく，母親がいなくても臆せず探索行動をし，再会時に特に喜びを表さなかった。抵抗・アンビヴァレント型（Cタイプ）は，不安が高く，母親の側を離れず，探索行動をしなかった。また母親の退室には激しく抵抗し，再会場面で怒りを表しなかなか機嫌が回復しなかった。調査対象児の約3分の2が安定型に分類され，残りが2つの不安定型に分類された（Ainsworth et al., 1978）。

(1) 親の側の要因

　赤ちゃんの発達が周囲（養育者）との相互作用にもとづいて進むのだとすると，赤ちゃんの愛着のタイプは親の養育のしかたからどのような影響を受けるのだろうか。それを調べた研究（Ainsworth et al., 1978）によると，安定した愛着を示す赤ちゃんの母親は，赤ちゃんの情緒的なシグナルに敏感でタイミングよく反応する傾向があった。赤ちゃんが不快なときや不安を訴えているときにはすぐに対応して安心感を与え，何かを発見したりして楽しいと感じているときにいっしょに楽しんだり，興味を促すといった調和的な反応である。3タイプのなかで比較的**情緒的応答性**が高いのである。

　一方，回避型の赤ちゃんの母親は，赤ちゃんへの関わり方が統制的であり，赤ちゃんのシグナルに微笑や身体接触などで応えることが少なかった。そのような母親は赤ちゃんが不安なときにも安心感を与えないので赤ちゃんは回避的になると考えられる。また抵抗・アンビヴァレント型の赤ちゃんの母親の対応には一貫性がなく，赤

ちゃんが出すシグナルにタイミングを合わせられず，自分自身の情緒にもとづいた関わりをする傾向があった。情緒的応答性に一貫性を欠くと，赤ちゃんは養育者の反応を予測できないため，つねにシグナルを送り続けなければならず，安心して探索行動ができなくなる。養育者の情緒的応答性の高さは，赤ちゃんが形成する愛着のタイプに影響を及ぼすのである。

(2) 子どもの側の要因

赤ちゃん一人ひとりには，ちょっとしたことで泣くとかすぐ機嫌がなおるなどの行動上の個人差がある（気質；第5章参照）。さらに，何らかの障害があったり，何らかの要因で，微笑などの発信力が弱く，反応も乏しい場合には，愛着形成のリスクとなる。寝てくれない，食べてくれない，泣きが激しい，抱っこをいやがるなど育てにくい赤ちゃんの場合も，シグナルがわかりにくいので，養育者の情緒的反応性が低下する。

養育者の育て方と子どもの側の要因とはどのように影響しあっているのだろうか。生まれてから10歳以降までを縦断的に調べた研究がある（菅原ほか，1999）。図4-4が示すように，生後18カ月の子どもの問題行動（統制不全型行動）が5歳時点での母親の否定的感情につながり，それが8歳の行動に影響している。母親の育て方と子どもの要因は互いに作用しあっているのである。

愛着の可塑性

第1章で紹介した養育遺棄児（FとG）の事例からもわかるように，愛着理論は，発達初期の養育者との情緒的関係性が心理的発達にとって重要であることを明らかにした。しかし，同じFとGの事例が示すように，愛着は絶対的で決定的なものではなく可塑性がある。ハーローの実験（Harlow & Zimmermann, 1959）では，発達初期に親から引き離され，生後2年間群れから隔離された子ザルは，群れの行動や生殖

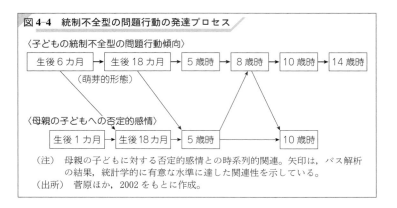

行動などの正常な発達が阻害されたことが明らかにされたが、そのような問題は引き離された期間で異なっていた。隔離期間が3カ月間程度であれば、数カ月後には同年齢の子ザルと遊んだり正常な攻撃行動を示したりした。発達初期の隔離は、長期でなければ発達に深刻な影響を及ぼさないのである。

　人間の場合、特に重要になるのは母親に代わる保育者との愛着関係である。FとGの例でも、保護された養護施設において、特定の保育者との愛着関係が成立したあとに、ことばや社会性を発達させている。この例は、愛着関係が人の認知や情動の発達にとって不可欠であることを示しただけでなく、その後の人との関わりによって変化しうるという、人の**可塑性**も示している。

愛着は母親以外とも成り立つ

　ボウルビィは、母親を亡くした施設児の研究から出発したので、特に母親的な情緒的にあたたかい関係を重視し、母親の役割を強調した。しかしボウルビィ以後、主たる養育者は母親、それもつねにそばで世話をしてくれる母親である必要はないことが示された。母親がフルタイムで働いていて、長時間保育者という保育園の赤ち

ゃんと，母親が専業主婦の赤ちゃんでは母親に対する愛着に違いはない。また，保育園児は特定の保育者との間にも安定した愛着を形成する。もちろん父親も愛着対象になりうるのであり，愛着行動のパターンは母親に対するものと大きな違いはない。つまり，継続的に世話をしてくれる人であれば，複数の愛着対象に安定した愛着を形成することができる。人間の発達にとって他者は本質的に重要だが，それが誰でなくてはならないかについては，発達はかなり柔軟性をもっているのである。

> **愛着タイプは文化を反映する**

1歳時点の赤ちゃんがストレンジ・シチュエーション法で示す愛着行動には，文化的な違いが反映されることがわかっている。欧米と日本の愛着のタイプを比較すると，安定型の割合は類似しているが，日本は抵抗・アンビヴァレント型の割合が多く，回避型が非常に少ない。反対に欧米では回避型が多く，抵抗・アンビヴァレント型は少ない（van Ijzendoorn & Kroonenberg, 1998）。この結果は，赤ちゃんの育て方に文化的な違いが反映しているためと考えられ，ストレンジ・シチュエーション法で見られる行動の解釈に幅があることを示している。

たとえば欧米では，赤ちゃんのときから両親と別室で，ひとりで寝かせることが一般的であるが，日本では幼児になっても就寝時に母親と分離することは少ない。日本の子どもが抵抗・アンビヴァレント型と評定されることが欧米に比べ多いのは，ひとりにされることにあまり慣れていないことの現れである可能性がある。実際，12カ月のストレンジ・シチュエーション法で抵抗・アンビヴァレント型に分類された日本の赤ちゃんの多くが，23カ月後には安定型に分類されたという報告がある（Takahashi, 1986）。

3 遊びを通した関係性の発達

　養育者との関係性を基盤として子どもはその周囲の人へと関係を広げていく。家庭内の親やきょうだいから，家庭外の他者へと世界を広げていくうえで重要な役割を果たすのが**遊び**である。この節では，遊びを通して他者との関係性がどのように発達していくのかを見ていくことにする。

> 遊びという関わり

　生まれたばかりの赤ちゃんでも，ほかの子どもの泣き声や顔に興味を示す。人見知りを始める8カ月前後の赤ちゃんは，見知らぬ大人が近づくと泣いて嫌がるが，同じくらいの月齢の赤ちゃんと対面すると嫌がることはなく，ほほえみかけたりする。

　ほかの子どもへの関わりは1歳から2歳にかけて，活発になる。母親と赤ちゃんを部屋に入れ，おもちゃと，初対面の別の母子がいる場面での子どもの行動を観察した研究（Eckerman et al., 1975）を見てみよう。図4-5が示すように，月齢とともに母親への関わりが減少し，他児へのはたらきかけが増えていく。2歳になる頃にはその差はかなり大きいことがわかる。

　子どもは新しいものや楽しいことへの興味にひかれて，探索をし始め，何かを発見し，それを使って，あるいは誰かといっしょに遊び始める。1歳では母親や保育者の誘導による物を使った遊びが多いが，徐々にほかの子どもと遊ぶことが多くなり，大人との遊びは減少していく。2歳以降は，大人よりもほかの子どもとの遊ぶ割合が増えていく。遊びを通して子どもは感覚や運動機能を高め，認知能力，想像力や創造性，人や物との関係性を発達させていく。子ど

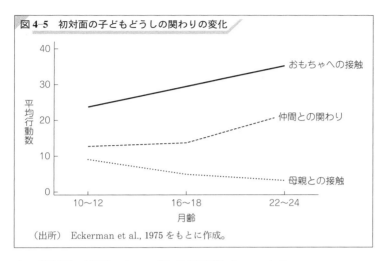

図4-5 初対面の子どもどうしの関わりの変化

（出所）Eckerman et al., 1975をもとに作成。

もの関係性の発達にとって遊びは不可欠なのである。

遊びの発達

子どもの遊びは幼児期に発達する。パーテンの古典的研究以来、遊びは「ひとり遊び」「並行遊び」「連合遊び」「協同遊び」の4つに分類される（図4-6）。「ひとり遊び」は、ほかの子どもと関わることがなく、それぞれが自分の興味をもった遊びに熱中している。「並行遊び」はみんなで同じ遊びをし、いっしょに遊んでいるという感覚はあるが、協力しあうといったことはない。3歳頃によく見られるとされるが、4歳以降になくなるわけではない。並行遊びは発達的には未熟かもしれないが、行為の模倣という点から重要である。たとえば砂場でスコップを使って遊んでいる子どもの横で、同じスコップをときどき使いながら自分は別の物を作るといった例で考えると、友達の行為を模倣する面があり、非言語的な同調行動としての側面がある。その段階を経て、関係性を構築し、その後言語的な関わりが増加していく。

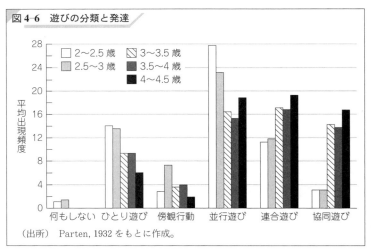

図4-6 遊びの分類と発達

（出所） Parten, 1932をもとに作成。

「連合遊び」では、遊んでいる内容についてコミュニケーションをとりながら遊ぶ。同じ遊びをしていることで一種の仲間意識が生まれる。しかしイメージが十分に共有されておらず、それを確認しようとする意識もあまり見られない。

「協同遊び」では、たとえば数人で砂の城を作るなど、遊びにテーマが生まれていっしょに何かを作り発展させる。グループ内で競争したり役割分担が見られるようになる。

遊びの発達は、上の順番で高次なものになるといわれることが多いが、グラフからわかるように、4歳になってもひとり遊びや並行遊びがなくなるわけではない。発達的な差異がはっきりしているのは、協同遊びが3歳まではあまり起こらないことである。表象の未発達にともなう自己中心性がまだ強く、自分のもつ遊びのイメージと他者のそれとを突きあわせたり統合したりすることが困難なためである。逆にいえば、子どもは遊びのなかで友達がどんなイメージをもち何を意図しているかを考える。それを通じて脱中心化が進む

ことは間違いないだろう。

遊びから仲間集団へ　0歳後半の9カ月革命以降，子どもは他者の意図を察知して行動をし始める（第2章参照）。3歳くらいになると，相手の行為が意図的（わざと）か，単なる偶然（わざとではない）かの判別は対人関係の発達には必要になる。5〜6歳になると相手の好意の意図の理解が進み，同じ良い行為でも，意図的になされたほうが親切だと判断する。相手の意図をすべて悪くとる傾向がある場合は攻撃的になりやすく，結果として仲間外れにされるリスクが高くなる。

　遊びのなかではまた，自分のやりたいことを友達に対して主張する一方で，自分の欲求を抑えて我慢をし，待ったり譲ったりなど自分の行動をコントロールすることを学ぶ。自己主張と自己抑制の発達については第5章で詳しく述べる。

　連合遊びや協同遊びは，テーマやイメージを共有することで「仲間」の意識が生じる。外にいる誰かがその遊びに加えてもらうには，「入れて」と言って認めてもらう必要がある。小学生になって友達関係が仲間集団として成立するが，幼児の遊びのなかに仲間集団の萌芽が見られるのである。友達関係の発達とその意味については第7章で説明する。

　次の章では，他者と関係をもつなかでの自己に焦点を当てる。赤ちゃんが自分というものにいつどのように気づき，自己の概念やイメージをどう発達させていくかを見てみよう。

第5章 子どもの自己発達

自己のはじまりと表現

　「自分」という存在は，一体いつ頃から私たちのなかで意識されていくのだろうか。親や周りの大人から見た自分の姿を聞いたことがある人は多いだろうが，幼い頃の自分自身の姿を明確に記憶している人はほとんどいないだろう。しかしながら，自分という存在は，この世に生まれたときから存在し，生涯にわたって発達を支えていく土台となる重要なものである。本章では，読者がこれまでの自分を振り返りながら，記憶を埋めていくことができるように，主に乳児期から青年期までの間の自分，つまり「自己」(self) が発達していく様子を紹介していく。なお，本書でいう「自己」とは，主体としての自我が見る客体としての自我を指すものとする。また，自分自身が経験したり意識される自分自身の姿であり，後述する「アイデンティティ」（自我同一性）といった自己の核となる側面を基盤にした自分を示す広い概念として使用していく。

1 自己の芽生え

　自分に気づく

　生まれたばかりの赤ちゃんの様子を皆さんは見たことがあるだろうか。赤ちゃんは第2章でもふれられていたように，この世に生まれてからしばらくの間は，ぼんやりとしか周りの世界を見ることはできないし，私たち

図 5-1 ハンドリガード

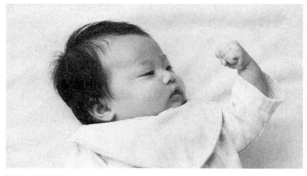

笑里／PIXTA

大人のように自分と自分以外のものとの境界がはっきりと区別できていないように見える。たとえば赤ちゃんが、自分の手を不思議そうにじっと眺めたり遠ざけたり両手の指を絡め合わせて口のところにもってくるといった行為が見られる。生後3カ月頃によく見られるこの行為は**ハンドリガード**（図5-1）と呼ばれ、赤ちゃんが自分のからだに気づいて、確認をしている行為とされている。また、このほかにも自分の指をしゃぶってみたり、足やかかとを器用に舐めたり、嚙んだりするという行動をよく見かける。赤ちゃんはこうして、まず物を触ったり、口にいれてみたりと、視覚や触覚といった自分のからだを使って得られた感覚を頼りに、自分を取り巻く世界を知っていく。この頃はまだ、自分の足や手や指を自分のものとして認識しているというよりはむしろ、自分を温かく包み込んでいる毛布やおもちゃといった物や、自分の空腹を満たしてくれる母親と区別がついていない状態にある。つまり、生まれたばかりの赤ちゃんは、自分と他者あるいは周りのものが違うということに気づいていない、いわば自他が未分化な状態にあるといえる。

ところが，次第に赤ちゃんは自分の足を噛んでみると「おもちゃを噛んでも痛くないけれど，自分の足のときは痛い」というふうに自分の感覚を通して，自分と自分以外のものとの区別がつけられるようになっていく。つまり，自他が未分化な状態から，分化した状態へと発達変化していくのである。こうして，私たちは自分という存在に少しずつ気づき始めていくのだろう。

自分を知る

　さまざまな身体感覚を通して知った自分というものをあらためて認識することを**自己認知**という。犬を飼っている読者なら，散歩の途中で愛犬がショーウィンドウに映った自分（愛犬自身）の姿に尻尾を振ったり，逆に威嚇して吠えたりする姿を目にしたことがあるかもしれない。これは「鏡に映った犬（愛犬）はほかの犬である」と認識しているからこその行動であると考えられる。つまり，犬の場合は鏡に映った自分の姿を自己認知できていないといえる。このように「鏡に映った姿が自分だということがわかるかどうか」，つまり鏡映像を見たときの反応を見る実験として，**ルージュテスト**（口紅課題）を紹介しよう。具体的にはまず，赤ちゃんの鼻に口紅をつけておき，しばらく遊んだりした後に鏡の前に連れて行き，赤ちゃんがどのような反応をするのかを観察する。すると，生後1歳くらいまでは，鏡に映った自分の姿に対してまるで他者がそこにいるかのように手で触れたり，笑いかけるといった行動を示す。その後，鏡に映った自分を避けるような反応が見られるようになり，およそ1歳半から2歳頃には，鏡を見て口紅がついている部分をじっくり眺めたり，自分のからだの口紅がついている部分に手で触れてとろうとする行動が見られるようになる。つまり，鏡に映った像が自分と同じであると認識できるようになっていくのである。このような行動はまさに，自分を客観的に認識することができるようになった証拠であるといえる。

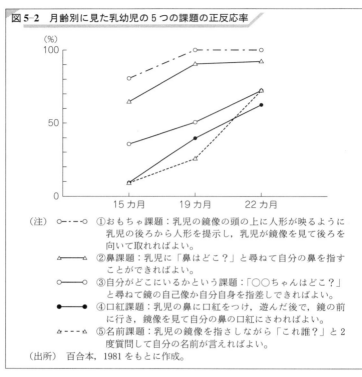

図 5-2　月齢別に見た乳幼児の 5 つの課題の正反応率

(注)　○-・-○　①おもちゃ課題：乳児の鏡像の頭の上に人形が映るように乳児の後ろから人形を提示し，乳児が鏡像を見て後ろを向いて取れればよい。
　　　△―△　②鼻課題：乳児に「鼻はどこ？」と尋ねて自分の鼻を指すことができればよい。
　　　○―○　③自分がどこにいるかという課題：「○○ちゃんはどこ？」と尋ねて鏡の自己像か自分自身を指差しできればよい。
　　　●―●　④口紅課題：乳児の鼻に口紅をつけ，遊んだ後で，鏡の前に行き，鏡像を見て自分の鼻の口紅にさわればよい。
　　　△----△　⑤名前課題：乳児の鏡像を指さしながら「これ誰？」と 2 度質問して自分の名前が言えればよい。

(出所)　百合本，1981 をもとに作成。

同様に，図 5-2 にあるように，鏡を使用した自己認知に関するさまざまな実験（百合本，1981）においても，人間の赤ちゃんが自分を客観的に理解できるようになるのは，**表象**の発達が明らかになってくる 2 歳頃であることが示されている（第 2, 3 章参照）。そして人間の赤ちゃんは，自分とは異なる他者との関わりをもつことによって，さらに「これは自分である」という自己認知を高めていくのである。

自分ではたらきかける　　人間の赤ちゃんは，他者の存在やはたらきかけによって自己に気づき，認識していく

ようになるが，ただ漫然と環境からの刺激を待っているわけではない。赤ちゃんは，不思議なことに，自分がもつ力に気づき，有効に使用しているのである。

(1) **コンピテンス**

ホワイト（White, 1959）は，人間が環境と効果的に交渉しようとする力を**コンピテンス**（competence）と呼んだ。コンピテンスは，たとえば，見たことのないものに対する「これは何だろう？ 面白いからもっと知りたい！」といった**知的好奇心**や，褒められたり（賞），怒られたり（罰）しなくても，「ピアノを弾くことが楽しい」から，「ピアノの練習をする」というように，行動の原動力となる**内発的動機**の源にもなっていく。

このようなコンピテンスは，発達の初期から現れていることがわかっている。たとえば，生まれたばかりの赤ちゃんの姿を想像してみてほしい。私たち大人に比べて「赤ちゃんは泣いてばかりいる」というイメージをもつ人が多いのではないだろうか。この「泣き」という現象にもじつは赤ちゃんのもつコンピテンスが現れている。第4章で紹介した愛着を示す行動として，「泣き」は愛着対象を引き寄せる発信行動のひとつとしてあげられている。実際に，赤ちゃんの泣き声を聞けば，多くの人が抱きあげてみたり，「どうしたの？」と物言わぬ赤ちゃんにやさしく語りかけるといった行動をとる。このように，「自分が何らかの行動を起こせば，誰かが反応してくれる」ことを学び，そこで得られたフィードバックを通して，赤ちゃんは自分自身のもつ力の有効性を，知らず知らずのうちに実感していくのだろう。

(2) **循 環 反 応**

第2, 3章で触れた**認知発達**においても，ピアジェは感覚運動期の発達のなかで，まず自分のからだの感覚を通して，自分がもつ力を

確認していく姿を描いている。特に，これは**循環反応**と呼ばれる自分や他のモノに対して繰り返し行なわれる一連の行為に如実に現れている。特に，初期には，第1次循環反応という自分が行なった行為そのものへの興味や関心から同じ行為を繰り返す反応をしきりに行なう姿が見られる。たとえば，先にもふれた自分の指を口にいれてしゃぶり続けるなどの行為がそれにあたる。続いて，赤ちゃんの関心の幅はどんどん広がり，「自分が何かの行為をした結果，どのようなことが起きるのか」についての関心が生まれてくる。次の第2次循環反応と呼ばれる段階においては，自分の外にある対象に何らかのはたらきかけをした結果に関心をもち，同じ行為を繰り返すのである。たとえば，先にガラガラがついた紐を何度も繰り返し引くといった行動は，「自分が紐を引く」という行為をすることで「ガラガラの音が鳴る」という結果を楽しんでいるからこそ，それを繰り返しているのである。また，次の第3次循環反応という段階においては，たとえばボールを床に落としたときの弾み方や転がり方などを見て，赤ちゃんは自分のはたらきかけ方によって，対象がどのように変化するのかという反応を楽しむ姿が見られるようになってくる。そして赤ちゃん自身が「物を落とす」といった行動を何度も繰り返しやってみるといったいわば能動的な実験を行なうことで，「自分が主体的に何かをしている」感覚を高めていくのである。

　これらのような「自分が自分以外の対象に何かをできる」といった感覚，つまり自分自身にコンピテンスを感じることができる子どもは，より周囲の環境に関わったり，探索してみたいという積極的な関わりを求めていくとされている。このように，人生の初期から自分のもつ力を実感し，積極的に周囲と関わることを通して，人は自信をもって，一生涯つきあい続ける自己の発達につなげていくのだろう。そしてそれを支えているのは，自分以外の他者の存在であ

り，適切なフィードバックであるのはいうまでもないが，それを引き出す一種の戦略のようなものを私たちは人生の初期からもっているのだといえる。

自己を特徴づける：気質

ここまで，赤ちゃんが自分に気づいていくプロセスを追ってきたが，その芽生えにはすでに個性がともなっている。赤ちゃんの様子を描写する際，私たちは「のんびりしたタイプだな」「よく動き回っている」「いろいろな物に興味がある子だな」など，赤ちゃん一人ひとりの行動を見てその特徴やほかの子どもとの違いを述べようとする。

このように生まれて間もない赤ちゃんにも見られる，ある程度の期間持続する行動の個人差は**気質**（temperament）と呼ばれている。気質は，からだの生得的な特徴が体質ならば，人間のこころにおける生得的な特徴が気質であると言い換えることもできよう。これはまた，年齢を重ねてからより明確になってくる個人の特徴であるパーソナリティ（第3節参照）の基礎的な部分であると考えられている。

このような気質について，乳児期から青年期までの気質のタイプや個人差を縦断的に調べたのがトマスら（Thomas et al., 1968）による「ニューヨーク縦断研究」である。この研究から，トマスらは乳児期初期の子どもの行動パターンに見られる気質のあり方を，表5-1のように9つの次元とその組み合わせのパターンから3つのタイプに分類している。まず1つめのタイプとしてあげられているのは，「扱いにくい子ども」である。その行動特徴としては睡眠や排泄といった基本的生活習慣が不規則になりやすく，ぐずる，泣くといった行動が激しいタイプであり，養育者から見れば，どのように関わればよいか困るといった印象をもつだろう。2つめの「扱いや

表5-1 トマスらによる9つの気質の次元と3つのタイプ

次元	内容
①活動水準	身体運動の活発さ
②接近／回避	新奇な刺激に対する積極性／消極性
③周期性	睡眠・排泄などの身体機能の規則正しさ
④順応性	環境変化に対する慣れやすさ
⑤反応閾値	感覚刺激に対する敏感さ
⑥反応の強度	泣く・笑うなどの反応の現れ方の激しさ
⑦気分の質	親和的行動／非親和的行動の頻度
⑧気の散りやすさ	外的刺激による気の散りやすさ
⑨注意の範囲と持続性	特定の行動に携わる時間の長さ／集中性
〈3つのタイプ〉	
「扱いにくい子ども」	新規な刺激に対する消極性＋不規則な身体機能＋ゆっくりした順応＋非親和的行動＋激しい反応
「扱いやすい子ども」	新規な刺激に対する積極性＋規則正しい身体機能＋すばやい順応＋親和的行動＋おだやかな反応
「エンジンのかかりにくい子ども」	最初新規な刺激に対して消極的 → やがて積極的＋ゆっくりした順応 → やがて順応

（出所）岡本ほか，2004をもとに作成。

すい子ども」は，穏やかで環境の変化にも柔軟に適応し，安定しているタイプであるため，養育者から見れば手のかからない子どもだと感じるだろう。3つめの，「エンジンがかかりにくい子ども」は，全般的に動きが少なく，行動を開始するのに時間がかかるなど，養育者から見ればのんびりしたタイプという印象をもつだろう。しかし，時間をかければゆっくりであっても適応してくるとされている。気質というのは，もの言わぬ赤ちゃんの特徴を的確に捉える指標のひとつであるが，愛着についての解説（第4章参照）で触れたように，その後の養育のしやすさや難しさを左右するものであり，養育者の子育てに対する自信やしつけなどの養育態度に影響を与えることが多い。つまり，気質のような個人の特徴は，子どもの側から一

方的に発信されるものではなく,周囲の大人と相互作用しながら特徴づけられていくのである。特に乳児期までは,親をはじめとした大人の養育者は,食事を与えてくれたり,オムツが濡れたなどの不快な状態を取り除いてくれたり,楽しい遊びをしてくれる自らの生活に欠かせない存在である。気質は発達が進むにつれてその現れ方や特徴に環境の影響を受けるともいわれていることから,他者といかに関わり,気質の発現を制御していくのかという結果として,「その人らしさ」つまり**個性**は現れてくるのだろう。

このような人生初期に芽生えた個性を私たち大人が的確に捉え,その後の生涯発達において鮮やかに発現できるようにしていく必要があるだろう。

2 自己を表現する

前節では,自己が芽生えてくるまでの姿を見てきた。子どもは,芽生え始めた自己を抱えながら,保育所や幼稚園など同世代の子どもが集まる場に参加していくことで,新たな人間関係が広がっていく。つまり,図5-3にあるように,これまでは「親と子」というタテの人間関係のなかで生活していたが,ことばや自分を表現するツールが発達していくことによって,きょうだいをはじめとした異年齢の子どもたちと関わり（ナナメの人間関係）をもつ機会が増えてくる。また,同世代の子どもどうしでの関わり,つまりヨコの人間関係が広がることによって,他者と自分を客観的に比較しながら自己を理解し,そのなかで自己を豊かに表現していくようになる。

本節では,このような集団生活で出会う保育者や教師といった親以外の大人や,同世代の仲間と新たな人間関係を作っていく発達の

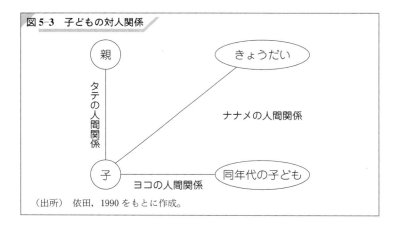

図 5–3 子どもの対人関係

(出所) 依田, 1990 をもとに作成。

姿を追いながら, 自己がどのように表現されていくのかを見ていこう。

自己を統制し, 表現する

(1) 基本的生活習慣の自立

生まれたばかりの赤ちゃんは,「お腹がすいた」「オムツが気持ち悪い」などの不快な感情を, 養育者が抱っこしたり, ミルクを与えることによって取り除かれ, 不快な感情が調整されていく。また, 運動機能が発達し比較的自由に動き回れるようになってくると, 行動できる範囲を養育者が制限したりすることで, 子どもの行動自体が統制されていく。つまり, 客観的に見れば, 赤ちゃんは自分以外の他者に自分の感情や行動を統制されている状態であるとも言える。しかし, 子どもたちの生活の場が, タテの人間関係に守られた家庭から, 保育所や幼稚園といった社会に移行すると,「自分の身の周りのことは自分でする」といった**身辺の自立**が求められていく。一般に運動機能の発達にともない, おおむね 3 歳代で食事や排泄, 衣類の着脱といった基本的生活習慣を身につけていくとされている。しかし, このよう

に基本的に自分でできることが増えてくるといっても，まだまだ大人の助けが必要であり，完璧というわけではない。たとえば，筆者が保育所実習に行った学生からよく聞くエピソードのなかで，ある子どもが昨日はひとりで着替えができていたにもかかわらず，実習生の姿を見ると「やって」と頼んできたり，別の日には年長の子どもがひとりで着替えている姿を見ると，自らすすんで着替えるといったものがある。つまり，こういった行動は，周りの他者の存在や雰囲気にも左右されやすいと言える。特に，排泄にともなう**トイレットトレーニング**は，日本においては一般に幼稚園に入る前，つまり2〜3歳くらいまでに終了していることが目安とされている。しかしながらそれらの目安を養育者が意識しすぎるあまり，排泄したかどうかを頻繁に尋ねたり，失敗したことを責めるといったはたらきかけをすることによって，子どもが自立できていないことに対する養育者の不安が子どもに伝わり，子どもの自尊感情が傷つけられたり，子どもなりの有能感が低下するといった事態にもなりかねない。子どもの気質同様に，基本的生活習慣の自立にも，個人差はつきものである。発達しつつある自己を表現する指標のひとつとして，基本的生活習慣の自立はわかりやすいものであるが，個々のペースを認めながら，他者をモデルとして自立を促すことができるような配慮が必要である。

(2) 第1反抗期

子どもが生活面において自立することにともなって，子どもは自己の感情や思考を具体的に行動や主張として示してくるようになる。たとえば，親が用意した洋服を「これは着たくない」「トイレに行きたくない」といった基本的生活習慣への拒否的態度や「絶対にイヤ」といって泣き叫ぶといった激しい感情表出は，ときに周囲の大人を当惑させることもある。このような，2〜3歳頃に見られる自

主独立の欲求にもとづいた意思や主張，反抗的，否定的な態度を総称して**第1反抗期**と呼ぶ。これは，親という存在に包まれていた自己が，次第に親から分離し始めて，ひとりの人間として現れ始めた証拠であるともいえる。第1反抗期が訪れる時期や現れ方，そしてその反抗がどれくらいの期間続くのかについては，もちろん個人差がある。なぜこのような反抗がこの時期に起こるのかについては，自分の意志や考えを論理立てて言葉で表現し伝えることが難しい，感情を整理できていないといった表現手段の未熟さがその理由のひとつとしてあげられる。このため，ただひたすら反抗するという形で自己を表現せざるをえない。しかしながら，こういった反抗という形での自己表現を続けているうちに，場面や状況によっては自分の主張が受け入れられないことを体験することもある。他者関係が広がり，遊びのしかたにも変化が見られてくる4歳を過ぎたあたりから，このような他者の気持ちや考えに気づくようになっていくことからも，第1反抗期は他者との関係性を学ぶうえで，非常に重要な自己の発達の一側面であるといえる（「共感性」「視点取得」；第3,4章参照）。

(3) **自己制御する力：自己主張と自己抑制**

　この第1反抗期を子どもの自己表現のひとつとして，もう少し広く考えてみよう。たとえば，保育所や幼稚園などで，同年代の子どもと接するようになってくると，子どもは自分の自尊感情が傷つけられたときには，相手に抗議をしたり，自分のほしいおもちゃを「ほしい」としっかり言えるようになっていく。このように自分の意見や要求を他者に伝える積極的で能動的な行動をとる力（出す力）は**自己主張**と呼ばれる。それに対して，「もうお兄ちゃんなんだから我慢しましょうね」「〇〇ちゃんの順番が来るまで待っていようね」といわれて，我慢したり決まりを守って褒められるといった経

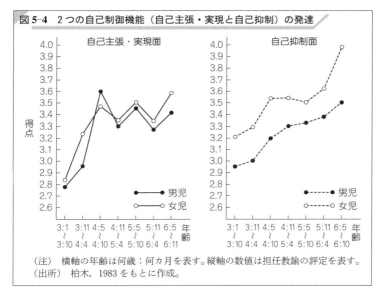

図5-4 2つの自己制御機能（自己主張・実現と自己抑制）の発達

（注）　横軸の年齢は何歳：何ヵ月を表す。縦軸の数値は担任教諭の評定を表す。
（出所）　柏木，1983をもとに作成。

験を通して，子どもは自分にとっては嫌なことであっても，ほかの人や集団のために我慢したり待つことができるようになっていく。このような自分で自分の行動を抑える力（引っ込める力）は**自己抑制**と呼ばれている。

　柏木（1983）は，幼稚園教諭に子どもたちの自己主張と自己抑制の状態を尋ねる尺度を作成し，3歳から6歳までの自己制御機能について検討した結果，自己主張の側面については3歳から5歳頃まで急激に伸びていくが，その後は横ばい状態になると報告している。この急激な伸びは第1反抗期のような自己としての発達と連動していると同時に，親からのしつけや，保育所や幼稚園など同年代の他者との関わりのなかで，他者の意図や意見と自らの主張の折りあいをつける経験を通して，抑制されていくのである。一方，自己抑制は，3歳から7歳頃まで一貫して伸び続けていくといった発達の方

向性が見られるのと同時に，男児よりも女児のほうが一貫して高い傾向も見られる（図5-4）。先に述べたような多くの人々が生活する社会に出ることによって，社会のルールを守ったり，相手の気持ちを考えたり配慮することが必要となる場面状況が増えてくる。つまり社会から自己を制御することが求められているからこそ，このような自己の発達のあり方になっていくのだろう。

　子どもは，社会との関わりが増えていくにつれ，このように徐々に自分の感情や行動を適切に表現したり，抑制したりする能力，すなわち自己制御する力をより洗練された形に発達させていく。たとえば，自己主張のしかたについては，4歳児では相手を「叩く」「取る」といった非言語的で自己中心的な方略を用いるのに対して，5～6歳児になると相手を「説得」したり，「抗議」するなど言語的で自他双方の要求を考慮した主張のしかたへ変化することが報告されている（山本, 1995）。また，それと同時に，自己主張あるいは自己抑制すべき場面や状況についての理解も深めていくのである。たとえば，4歳から6歳までの子ども100名ほどを対象に，魅力的なおもちゃ（砂場で使うスコップ，ブロック，ボール，絵本など）の使用をめぐった自己制御の力を検討した研究（鈴木, 2005）によると，年齢が上がるにつれ，場面状況に合わせた適切な自己制御のあり方を選択していくようになることが報告されている。特に，自己抑制については場面状況にふさわしい行動が選択されていくようになるが，自己主張においては，年長になるほど頭では自己主張するべき場面だということは理解していても，あえて自己主張しないという選択をする子どもが見られた。これは，他者への配慮を重んじる日本文化の特徴がその背景として存在することを示唆しており，日本の子どもたちの自己のあり方には比較的早期から他者の存在が影響を与えている可能性がうかがえる。

他者とともに生活する場面においては，自分が置かれている状況や立場を理解し，自己を制御する力は，幼児期だけではなく，生涯必要な力だといえる。だからこそ，他者との関わりに広がりが見られる幼児期に，バランスよく自己主張と自己抑制の両方を育てていくことが重要になってくるのだろう。

(1) 他者との比較による自己評価

> 他者と比較して自己を理解する

　前項のように幼児期になってくると，子どもはタテの人間関係のなかで守られていた生活から，子どもどうしのヨコの人間関係のなかで，自らを理解していくようになる。

　たとえば，こんなエピソードがある（岩波映像「幼児理解にはじまる保育：友だちと出会う（4歳児）」）。ある幼稚園の年中クラスの男の子の間で，最近画用紙を丸めて筒のようなものを「武器」として腕にはめ，剣の代わりにしてチャンバラごっこをする遊びが流行っていた。あるとき，ひとりの男の子が，同じ武器を作ってグループに入りたいと申し出たところ，リーダーの男の子に拒否されてしまった。保育者がリーダーの男の子になぜグループに入れないのかと理由を尋ねると，「○○くんは，かわいいから入れないよ」というのである。リーダーの子の言い分としては，「男の子らしくかっこよい人しかグループに入れない」のである。「男らしくかっこよい」人と「かわいい」人では，違うのである。何ともほほえましいエピソードではあるが，このくらいの時期からすでに「自分（他者）はこういう人」という理解にもとづいた評価や判断が芽生え始めていることがうかがえる。

　幼児期から児童期にかけての**自己理解**の発達について，5歳児，小学校2年生，小学校4年生を対象にしたインタビューを行なった調査（佐久間ほか，2000）によると，年齢が上がるにつれ，自分の身

体的特徴や属性についてふれることは少なくなり，自分の行動やパーソナリティ（第3節参照）に関して述べる傾向が高くなると報告されている。また，同じ調査で同様に自己を評価することにおいては，自分のポジティブな側面のみを述べる者が減少し，ネガティブな側面を述べる者が増加することがわかっている。これらのことから，幼児期を経て，小学生になると，子どもたちは自分ができること，できないことといった自己のさまざまな側面について，他者との比較を通して，より現実的な自己理解をしていくようになっていくことが読み取れる。

このように社会へ参加していくなかで，自分自身のさまざまな側面の認知についての価値づけや感情や評価である**自己評価**が行なわれるようになり，発達的にはおおよそ4歳頃から自己評価を行なうようになっていく。自己評価は特に，他者との比較においては，「あの子はできるのに自分はできない（劣っている）」といった**劣等感**や，「あの子より私はできる（優れている）」といった**優越感**など，他者を基準とした感情を引き起こすことがある。また，理想の自己像と現実の自己像との比較を行なうことによって，現実の自己像が理想に達していない場合には**羞恥心**などのネガティブな感情や，逆に理想に達している場合には**自尊感情**や**プライド**といったポジティブな感情が生じることもある。

このように，自己を理解し評価するうえでは，他者との関係性や他者の存在が基準となる可能性を考慮する必要があるだろう（第4章参照）。

(2) ジェンダーという自己

自己評価は，特に学校生活においてはテストの得点といった学業成績や「足が速い」といった身体能力など，わかりやすい側面において行なわれ，子どもたちの自己を揺さぶることにもなる。特に，

身体面での自己評価や自己理解に関わってくる側面として，生物学的に備わった自己と，社会との関係性のなかで現れる自己のギャップを示す例として，性役割やジェンダーといった問題を取り上げてみよう。

　近年，生物学的な性と心理的な面で意識する性は，「生物学的な性が男だから，心も男」というように必ずしも1対1の対応関係にはなく，それぞれが独立しているのではないかと考えられるようになってきている。このような男性と女性の間にあるさまざまな関係を語りなおす言葉として「ジェンダー」という言葉が使われるようになってきた。**ジェンダー**とは，「男性」「女性」といった生物学的性ではなく，私たちが生活する社会や文化によってその心理や行動の面での違いを生み出すような心理学的性を指す。さらに，近年は心理学的性にもとらわれないという意味での**ジェンダーフリー**な考え方や捉え方が一般的にも浸透しつつある。たとえば，小学校などで名簿は男女混合で五十音順になっていたり，ランドセルの色も昔は「男子が黒で，女子は赤」というのが主流であったが，現在はピンクや茶，紺や緑といった自分が好きな色のランドセルを選ぶ子どもが増えてきている。このようにジェンダーフリーな考え方が日常生活のなかにも浸透してきている一方で，私たちが暮らす社会においては，「男性とはこうあるべき」「女性とはこうあるべき」といった生物学的な性に応じた行動や役割を果たすことが期待されているのも事実である。

　この**性役割**というものにとらわれた私たちの認知を示す一例として「ベビーX実験」（Seavey et al., 1975）を紹介しよう。まず，実験参加者の大人に，黄色（中性的な色）のジャンプスーツを着せた赤ちゃん（ベビーX）とサッカーボールやぬいぐるみなどがおいてある部屋で3分ほど関わってもらう。その際参加者を，①「赤ちゃ

んは男の子」と告げられる，②「赤ちゃんは女の子」と告げられる，③性別については何も告げられないといった3つの条件に振り分け，それぞれの条件下で赤ちゃんと遊ぶ際に選んだおもちゃや，発言内容を記録した。その結果，赤ちゃんの性別を告げられた参加者たちは，「女の子とは人形で遊ぶ」といったその性にふさわしいとされるおもちゃを用いて遊ぼうとしたのである。ここから，参加者たちは赤ちゃんの性別によって接し方を変えている可能性があることがわかる。

つまり，私たちは自分たちが生活する社会によって規定された性役割にもとづいた行動や考え方を，知らず知らずのうちに自己の一部として取り入れているのである。この**性役割行動**を子どもがどのように身につけていくかについては，いくつかの考え方がある。それらの代表的なものとして，子どもを取り巻く社会的な要因を重視した「社会的学習理論」と，子どもの自然な認知発達を強調する「ジェンダースキーマ理論」（Bem, 1981）の2つを紹介しよう。

まず1つめの「社会的学習理論」とは，子どもが性別にもとづいた何らかのモデル（人）や枠組みを取り入れていくことで，性別にふさわしい行動や考え方を学習していくというものである。具体的には，同じ性別の人に優先的に注意を向けたり，その人物の行動を見本にしたり（**モデリング**），他者からその行動を助長するようなフィードバックを受けることを通して，性別にふさわしい行動や考え方を獲得するということである。たとえば，女の子が同性である母親が料理をしている姿に注目したとする。女の子は同性の母親をモデルとして，実際に野菜を切るなどのお手伝いをするといったモデルの行動を真似る。そのような姿を父親が見て「さすが女の子だね」などと褒めることによって，「女の子がお料理するのはいいことなんだ」という認識が生じる。逆に「料理なんて嫌い」といって

お手伝いを嫌がると怒られることによって,「料理は女性がするもの」という性役割を認識していくこともある。このように他者からのフィードバックを通して,「女性が料理をする」といった性役割行動が獲得されるという考え方が社会的学習理論である。

もう1つの「ジェンダースキーマ理論」では,さまざまな情報のなかから,特にジェンダーに結びついた情報に注意を向け,記憶し,構造化するために用いられる**ジェンダースキーマ**と呼ばれる情報処理の枠組みを重視している。この認知的な枠組みが強くはたらくことで,子どもの自己概念や行動はジェンダー化していくとされている(伊藤,2006)。つまり,ジェンダースキーマにそって,自分の行動のあり方(女性は料理をするものだから,自分も料理をする)を選択するという考え方である。さらに,相良(2008)は,経験を繰り返すことによって形成されたジェンダースキーマはジェンダーに関する情報を知識として整理するだけではなく,それ以降入ってくる情報の選択や記憶にも作用することも指摘している。

これらのことから,性別という一見揺るぎないものに見える自己のひとつの側面が,実は社会や個人の認知のあり方によって変わりうるものだということがわかるだろう。これはまた,私たちの自己を構成するいくつかの側面が,生まれながらにして備わったものを越えて,個人が暮らす文化や社会の価値観や他者との関わりを通して変わりうる可能性を示している証拠であるともいえる。

3 自己を見つける

ここまで,子どもたちは同じように見えても,一人ひとりがさまざまな特徴や考えをもって生活していることを知り,私たち自身も

そのなかのひとりであることに気づいていくプロセスを見てきた。私たちはさまざまな他者との関係の幅が広がるにつれて，多様な社会関係のなかでの自己を見つめるようになってくる。つまり，乳児期の親子というタテの関係から，幼児期の自分と対等な同年代の仲間どうしというヨコの関係に移行していくなかで，「自分とは何か」「自分を特徴づけるものは何か」という問題に向きあい始めるのである。それでは，自分という存在に気づいたときに，「その人らしさ」を示すものとは何だろうか。私たちは，自分を他者とは異なる存在として認識させている「自分らしさ」をどのように形成していくのだろうか。本節では，このような自己がより確かなものになっていくプロセスを，パーソナリティとアイデンティティという自己を構成する2つの側面を取り上げて追っていくことにする。

> 自己を特徴づけるもの：パーソナリティ

私たちの自己をより特徴づけていくものとして，「やさしい」「明るいタイプ」「引っ込み思案である」といった**性格**を思い浮かべる人が多いだろう。心理学においては，これらの個人の内的特徴を総称して「パーソナリティ」と呼んでいる。

　パーソナリティとは，その語源（ラテン語で「ペルソナ」（persona）＝「仮面」の意）から，文脈や発達にそって変化しうる全体的な特徴として考えられている。たとえば，生涯発達にともない，児童期から青年期にかけては，「いじられキャラ」のように集団のなかでの個人の特徴を示すものとして意識されたり，高齢期になると，多様な人生経験を経て穏やかになったり，頑固になるといった変化を見せていく。その一方で，生涯を通して安定した道筋をとる側面もあることから，まさに多面的に自己を形作っているといえる。

　この自己を特徴づけるパーソナリティがいかにして作られるか，という問題については，古くから議論がなされてきた。

まず，遺伝的な要因については，同じ家系に見られる性格の類似傾向について研究した家系研究や，全く同じ遺伝子をもつ1卵性双生児や同じ遺伝子を平均して半分程度共有する2卵性双生児について，そのパーソナリティ特性を比較検討した双生児研究が行なわれている。特に双生児研究においては，パーソナリティに関わるさまざまな特徴全体でも約40〜50％程度が遺伝的に規定されていることが報告されている（Plomin, 1990）。特にパーソナリティのなかでも「外向性」や「神経質」といった特性は，知能（第1, 6章参照）や学業成績と同様に遺伝による影響が強いことがわかっている（安藤，2000）。

　また，遺伝的要因のなかでも身体的な要因として，体格や運動能力，病気のかかりやすさなどがあげられている。たとえば，特に小学校のときなどは運動ができる子どものほうが，周りから一目おかれることで「自分は他者より優れているんだ」という自信が生まれたり，逆に「運動が苦手である」ことで，「人より劣っている」といった劣等感などが生じ，二次的にパーソナリティ形成に影響を及ぼす可能性がある。

　これら遺伝的な要因に対して，パーソナリティの形成には生活環境や経験的な要因といった環境的要因も欠かせないものである。人生の比較的初期の段階からパーソナリティ形成に大きな影響を与えるものとして，愛着パターン（第4章参照）のあり方に示される親子関係や，基本的生活習慣や，親の養育態度（しつけなど）のあり方，あるいは長子か末子かといった出生順位などのきょうだい構成も関連してくるといわれている。特に親の養育態度については，子どもの気質など生得的な要因によって引き出されたり，生得的なものに親がどのように対応していくかによってパーソナリティのあり方が変わる可能性もある。これと同じように，親とパーソナリティ

が似ているといっても，それだけで遺伝によるものと断定することはできない。親のしつけや親が模倣のモデルとなることによって後天的に作り上げられた可能性もあるからである。

現在，パーソナリティは，**遺伝と環境**という2つの要因が相互に影響を及ぼしつつ形成されていくものだと考えられている。また，私たちは自分たちが暮らす社会や文化からの影響を受けずに生活することはできないし，親の養育態度もその影響下にあると考えれば，社会・文化的な要因といったマクロな文脈も私たちのパーソナリティのあり方に大きな影響を及ぼす背景として考慮する必要があるだろう。

人は，これまで述べてきたパーソナリティのような特徴を用いて「私はこういう人である」という**表象**（第2,3章参照）を作り上げていく。この表象は，他者との比較や，表象として確立した自己を一歩引いた視点から客観的に眺める力（**セルフモニタリング**）を通して，より確かなものになっていく。

| 自覚的に選び取る自己：アイデンティティ |

はたして自分とは何なのだろうか。このような自己のあり方をめぐって，青年期の若者は進路や人間関係など数々の**選択**の機会にさらされていく。本項では，まさに嵐のなかをもがきながら探し求めていく青年期の自己の姿とそれを支える核となるものに焦点を当てて見ていこう。

(1) 心理的離乳と第2反抗期

一般に私たちは，青年期になると社会のなかでさまざまな役割を自覚的に選び取っていく。また，青年期には女性のからだがより女性らしくなり，男性のからだがより男性らしくなるといった**第2次性徴**という現象が起こることによって，性別への自覚化が促されると同時に，「自分は男性としてよいのだろうか」といった自分の生

物学的性に対する疑問も生じやすくなる時期でもある。それと同時に，ホルモンバランスが崩れて，身体の成長に心の成長が追いつかないという事態も起こりやすくなってくる。これはまさに，自己の揺らぎを生じさせ，周囲からは自分の将来の方向性を問われる機会が増えていくことにともない，さらにその揺れの度合いは高められていく。

　人間関係が広がることにともない，再び親との関係に微妙な変化が訪れやすくなる。この変化は，具体的には親に対する反抗や反発という形で現れてくる。この小学校高学年から中学生くらいの間に多く見られる反抗期は，**第2反抗期**と呼ばれている。認知発達が進み，学校などで自分と同年代の仲間の意見にふれる機会が増すことによって，それまでは大人，すなわち親の意見は絶対的で正しいのだと思っていたのが，親にもさまざまな側面があることや，その発言や考え方にも矛盾点があるなど，つねに正しいわけではないことを見抜けるようになってくるのである。このような反発が，たとえば「親といっしょにいるところを友達に見られたくないから，いっしょに買い物にいかない」「親を無視して口をきかなくなる」といった行動として特徴的に現れるようになるのである。この第2反抗期でもはじめは，単純に親に対して「嫌だ！　ムカつく！」という感情的な面での反発が目立つのだが，次第に親の言っていることなどの論理的な矛盾点を見抜き，抵抗することを通して，自分の生き方や考え方との違いを主張していくといった，筋道だった反抗のしかたが目立つようになってくる。このような形での反抗がこの時期に起きてくる理由のひとつとして，親や大人に「頼りたい」（依存）や「離れたい」（自立・独立）といった相反する気持ちが共存するために，心理的な混乱が起きていることがあげられる。親や周りの大人とは異なる自己を主張するために，このような態度が引き起こさ

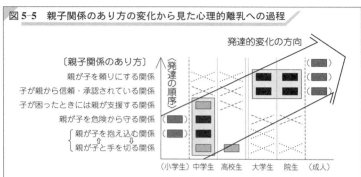

図5-5 親子関係のあり方の変化から見た心理的離乳への過程

(注) 図中の四角と色の濃さはその時期に多い関係とその程度を示している。
点線および破線で記した×印はあまり見られないことを示している。
(出所) 落合・佐藤，1996a をもとに作成。

れているともいえよう。この第2反抗期のもとにもなっている「親離れしたい」という感情について，親からの精神的な意味での独立として，ホリングワース（Hollingworth, 1928）は**心理的離乳**という言葉をあてている。本来「離乳」という言葉は，乳児が母乳以外の食べ物を食べるようになるという生理的な意味合いでの親離れを指すものである。しかし，心理的離乳とは，子どもが精神面で親から自立するといったいわば心理的な意味合いでの親離れを指している。つまり，心理的離乳というのは，図5-5のように，それまでは親の言うことに従うといったタテの関係だったものが，親と子それぞれが独立した存在として対等に向きあえるようなヨコの関係への変化の第一歩となる自己の発達の姿であるといえよう。

(2) アイデンティティとは

青年期に顕著に現れる，ほかの誰でもない「自分が何者であるのか」という自覚的な感覚は，エリクソンによって**アイデンティティ**と呼ばれている。アイデンティティとは，明確に定義しにくい概念ではあるが，エリクソンによれば，自分がほかの誰とも違う自分で

あるという斉一性（sameness）と，これまでの自分（過去）も，いまの自分（現在）も，これからの自分（未来）も自分である，という連続性（continuity）あるいは一貫性をもっているという実感があることを指している。また，このような自分が感じている「自分は自分である」という実感は，社会的な関係のなかでも，他者からも同じように感じられている（一致している）こと（相互性〔mutuality〕）によっても，支えられている。つまり，アイデンティティとはけっして自己理解によるものではなく，他者や社会との相互理解によって成立しているものであるといえる。

たとえば，読者のなかでも将来は保育者やパイロットなど，何らかの「自分は○○です」といえる職業に就きたいと思っている人が多いだろう。しかし，保育者やパイロットとしてのアイデンティティは，自分が独りよがりに「保育者だ」「パイロットだ」と言っても獲得されるわけではない。その職業に就くために必要な勉強や資格，免許といったものを取得して，「保育者」や「パイロット」としての現場での職務経験のなかで一定の役割を果たし，そのことを周りの人からも承認されていくことで，「保育者」や「パイロット」としてのアイデンティティが獲得されていくのである。

このような「自分は自分である」というアイデンティティという実感は，エリクソンの生涯発達のモデル（第1章図1-3参照）によれば，青年期の心理社会的危機（「アイデンティティ」対「アイデンティティ混乱」）においてその後の発達の道筋を左右する，重要な概念として描かれている。つまり，アイデンティティを獲得できれば，自分のもっているそれとは異なる価値観が示されているような事態に直面しても，自分自身を信じて貫いていける「忠誠」という力を得ることができ，次の時期の心理社会的危機とされている「親密性」対「孤立」に向きあう際の「愛」を得る土台となるとされている。

第5章 子どもの自己発達

(3) アイデンティティの現れ方

　それでは,アイデンティティは,私たちの生活のなかで実際にどのように経験されているのだろうか。たとえば,大学3年生にもなると多くの若者が,大学卒業後の進路として「就職」という道を選択し,就職活動を始めていく。色とりどりの髪色や服装で自由に過ごしてきた学生たちが,にわかに地味なリクルートスーツに身を包み,キャンパス内を闊歩する姿には,一見迷いがないように感じられる。しかし,一人ひとりの学生と向きあってみると,「就職活動はしているが,本当は音楽をやっていきたい」など,まさに「自分とは何なのか」「何を求めているのか」について,周囲の流れに巻き込まれながらも,葛藤しているのである。このような迷いが見られるかどうかは,アイデンティティの発達を考えるうえで非常に重要なポイントとなる。

　マーシャ（Marcia, 1966）は,アイデンティティがどのように私たちのなかで経験されているのかを明らかにする視点として,**危機**と**積極的関与**（あるいは傾倒,自己投入と訳す場合もある）という2つの軸を考えた。マーシャのいう「危機」とは,たとえば自分にはどの職業が合っているのか,どのようなイデオロギーを選ぶべきかなどいくつかの可能性のなかで真剣に迷ったり,考えたり,試してみたりといったことを経験しながら探し求めようとする体験のことを指している。一方,「積極的関与」とは自分なりの信念や価値観を重要であると捉え,積極的に関わったり,何かに打ち込もうとすることを指す。この「積極的関与」という経験を通して,社会的な役割や価値を自分のアイデンティティのなかに取り入れることができるとされている。マーシャは,面接調査を通して「危機」と「積極的関与」の程度を検討していった結果,アイデンティティを4つのタイプに分類した（表5-2）。

表5-2 アイデンティティ・ステイタス

アイデンティティ・ステイタス	危 機	積極的関与	概 略
アイデンティティ達成 (identity achievement)	経験した	している	幼児期からのあり方について確信がなくなり、いくつかの可能性について本気で考えた末、自分自身の解決に達して、それにもとづいて行動している
モラトリアム (moratorium)	その最中	しようとしている	いくつかの選択肢について迷っているところで、その不確かさを克服しようと一生懸命努力している
早期完了 (foreclosure)	経験していない	している	自分の目標と親の目標の間に不協和がない。どんな体験も、幼児期以来の信念を補強するだけになっている。硬さ（融通のきかなさ）が特徴的
アイデンティティ拡散 (identity diffusion)	経験していない	していない	危機前 (pre-crisis)：いままで本当に何者かであった経験がないので、何者かである自分を想像することが不可能
	経験した	していない	危機後 (post-crisis)：すべてのことが可能だし、可能なままにしておかれなければならない

(出所) Marcia, 1966；無藤, 1979をもとに作成。

　まず、**アイデンティティ達成**の状態にある人は危機を体験し、自分自身で職業や価値観などを選択し、それにもとづいた行動をできる状態であり、心理的にはこの4つのタイプのなかで最も安定したタイプだと考えられている。

　一方、**モラトリアム**という状態は、いままさに危機を体験している段階であり、積極的に関与すべきものを見つけようと努力している状態にあるといえる。モラトリアムは、一般的には優柔不断など

ネガティブな状態として捉えられることが多いが，本来の意味としては，社会的な責任をとることを猶予された期間といわれている。つまり，通常人は何らかの社会的立場や地位を得ると，何らかの義務や役割を担うことを求められるが，このようなことが免除されてさまざまな役割を試してみること（**役割実験**）ができるのである。

たとえば，先にあげた大学生の例でいえば，安定した収入の得られる会社勤めの「サラリーマン」か，自分の好きな音楽の道を究められるが，身分の保証のない「ミュージシャン」かといった選択で迷っている。サラリーマンならば，インターンシップなどの制度を利用すれば，会社で一定期間就業体験をすることもできるし，ミュージシャンならば，路上やライブハウスで演奏するといった体験をすることもできる。つまり，モラトリアムは，このような役割実験をしながら，必死にその選択をしようと試みているといった前向きな取り組みの姿であるといえる。

さらに，**早期完了**または**フォークロージャー**という状態は，親や権威のある者の価値観を抵抗することなく受け入れている状態であり，自らのアイデンティティについて比較的悩むことは少ないとされている。たとえば，伝統芸能や自営業など親の職業を継ぐことが当たり前とされるようなケースがその典型的な例だろう。ただし，自分の価値観を揺さぶられるような出来事があると，そのストレスに耐えられないといった精神的な脆さや，権威ある者や意見に対して抵抗することなく従ってしまう権威主義的な傾向も見られる。

最後に，**アイデンティティ拡散**の状態は，積極的に関与できるものをもつことができないために，何を信じて何を拠り所にして生きていったらよいのかがわからなくなっている状態であるといえる。このため，孤立感や不安感がつのったり，自意識過剰になったり，焦りなどを感じやすいといった傾向が見られるとされている。それ

と同時に，このような不安が高まると社会的な悪といった「否定すべき存在」としての自分を引き受ける「否定的同一性」を選ぶ青年もいる（山岸，2011）。

現代の日本の若者の姿を見ていると，これら4類型にぴたりと当てはまるわけではないのも事実である。実際に筆者は，例年授業でアイデンティティ・ステイタスを問う尺度を用いて，学生自身が自分のアイデンティティの状態を知るという試みを行なっているが，その結果，複数のタイプ（類型）の中間型に位置する学生が多数を占めている。

また日本社会の状況を鑑みると，長期にわたる不況による就職難でフリーターやニートといった定職をもたず生活している現状があったり，予期せぬ災害などに見舞われ，それまで模索しながら築きあげてきた自己が揺らいだり，失われることさえある。不安定な社会状況に備えて資格免許を取得した若者であっても，職場環境に適応できず早期離職したり，自分の居場所を求めて職を転々とする若者も増えてきている。これらのことは，この時期特有の自己の揺らぎの姿なのかもしれないが，それと同時に，私たちが生きる社会の状況を切り離して考えることはできないことを示している。

生涯にわたる自己の発達において，核となるアイデンティティとは何かという問題は，青年期に限らず一生涯向きあい続けていく問題であるともいえる。なぜならば，核が揺らげば全体像はアンバランスになり，その表象が曖昧なものになってしまうからである。ただ，この青年期という時期に核となるアイデンティティが確立されなくても，私たちは生涯のうち何度もその核が揺さぶられる出来事にさらされる可能性もあることから，つねに核を探し求める努力をしつつ，起こりうる出来事を柔軟に受け止めながら生きていくことが肝要なのだろう。

第**6**章　認知能力の生涯発達

　この章では，子どもが学校へあがった後，社会に出て大人としての長い時期を過ごし高齢期に至るまでの知的能力の発達について解説する。子どもは幼児期までに他者の意図や考えを表象し，ことばを使ってそれを表現できるようになる。学校へあがると自分自身の思考を対象化し，効率的な問題解決のしかたを試みるようになり，その場の状況の手がかりに頼らない，形式的・抽象的な言語使用や思考方法を身につける。授業やテストで必要とされる知的能力といってもよい。学校を卒業し社会に出ると，それとは性質の異なる知的能力（実践的知能）が発達する。そのような能力は，人生後半にも光を当てる生涯発達心理学の発展とともに注目され，熟達化の理論と関係しながら活発に研究されるようになった。この章では学校における認知の発達から話を始め，成人期の知能の発達と広がりについて解説しよう。

1　学校での学習と発達
●具体的操作期・形式的操作期

具体的操作期

　幼児期には，表象を獲得して見立てやことばによるコミュニケーションが活発になったが，表象がひとつの側面に中心化するために限界があった。表象操作ができるといっても，目の前にあるモノや人（「いま，ここ」の

状況) に左右されがちであった。しかし幼児期に人間関係が家族の外に広がりさまざまな他者視点に触れることで，子どもは異なる表象や見方をうまく統合することができるようになる（**脱中心化**）。この発達段階をピアジェ理論では**具体的操作期**と呼ぶ。6歳くらいから11〜12歳くらいまで，ほぼ小学生の時期に相当する。

　目の前のものの見た目が変化してもそれに惑わされずに，「きっとこうであるはずだ」という論理的思考にもとづいて行動ができるようになる。数の保存課題で見た目の列の長さが変化しても，「数は5つのままなのだから前と変わらないのだ」といった思考である。視点取得でいえば，自分の視点からはものがこう見えているが，あそこにいる人からはこのように見えているはずだ，という推論が可能になる（第3章参照）。このような認知能力の発達はことばの発達に大きな影響を与える。はじめにそれを見てみよう。

> ことばの発達：「一次的ことば」から「二次的ことば」へ

日常生活で用いられる話しことばは，身近な人との間で，具体的な物や場面をめぐってやりとりされる。ことばそのものがもつ意味に加えて，その場の状況（話し手の表情や話す調子，その前に何を話題にしていたかなど）から，相手が何を言いたいのかを理解する。相手と状況を共有していることに依存したコミュニケーションとも言えるこれらのことばは**一次的ことば**と呼ばれる。

　それに対して，「いま，ここ」の情報を相手と共有していることを想定しないコミュニケーションで用いられることばを**二次的ことば**という。語の意味だけを頼りにするという意味で，抽象的な言語使用であり，初めて話をする人にも通じるようなことばの使い方が要求される。書きことばに代表されるもので，一次的ことばとはかなり異質である。現実の状況に縛られずもっぱら語の意味だけにもとづくことから，「こうだったとすると」といった仮想的な事態も

表現される。

　学校での授業は，二次的なことばによって成り立つ面が大きい。教科書は自分だけに向けて書かれたものではなく，個別の具体的状況とは関係ないという意味で，抽象的な事柄が書かれている。学校での勉強は，新しい語彙や概念をたくさん覚えるといったことだけでなく，その前提として，日常的なコミュニケーションとは質的に異なることばの使い方をマスターすることが必要とされるのである。

　抽象的な言語使用が典型的に見られるものとして算数の文章題を例にして説明しよう。次の2つの文章題は，式にすると同じだが，子どもにとって難しさが大きく異なる。

　(a)　食卓にクッキーが8つありました。あやのさんがそのうち2つ食べました。残りはいくつになったでしょう。

　(b)　食卓にクッキーが8つありました。あやのさんがそこからいくつか食べたので，残りは2つになりました。あやのさんはクッキーをいくつ食べたのでしょう。

　どちらも8から2を引いて6と答えれば正解である。実際，(a)は就学前でもほとんどの子どもができる。学校に入る前の子どもも，日常生活でこの程度の数のスキルは身につけている。それに対して(b)は就学前の子どもはほとんどできないし，小学校1～2年生でも正答率は低い。式にすれば(a)と同じなのに(b)が難しい理由は，「いくつか食べた」という表現が日常経験をもとにしたのではうまく理解できないためである。素朴に考える子どもにはなぜ食べたクッキーの数がわからないのか想像がつかない。「いくつか食べました」というのは，授業やテストに独特の抽象的な言語表現なのである。学校での学習は，新しい知識を学ぶというだけでなく，ふだんの生活で経験しない仮想的状況や，それを記述する抽象的な言語使用（二次的なことば）に慣れる必要がある。

> **学校での学習と発達：
> 方略の獲得**

6〜7歳で多くの子どもは学校に入る。それ以降，学校教育が認知発達のおもな舞台となる。学校の授業では，カリキュラムにもとづいて計画的に教授・学習が行なわれる。決まった授業時間のなかで子どもたちは一定の知識を学ばなくてはならないから，効率的な学習が求められる。そのような制約のもとでは，「うまいやり方」，すなわち**方略**（strategy）を使うことが重要になる。

　方略の発達について見てみよう。教えられたことを覚える（記憶する）ことは学習の基本のひとつだが，子どもが最も早く身につける方略の代表として**リハーサル**の発達を説明する。リハーサルとは覚えるべき語を繰り返し唱えることで忘れないようにする方略である。

　フラーベルらの古典的実験（Flavell et al., 1966）の結果を図6-1に示した。棒グラフはリハーサルの出現頻度を表している。5〜6歳児ではリハーサルを一度もしない子が20人中18人であるのに対して，7〜8歳では12人が1回は試みている。方略が使われ始めているのである。記憶再生の成績（折れ線グラフ）で見ると，5〜6歳から10〜11歳にかけて順調に向上するが，それはリハーサルの使用と並行していることがうかがえる。

　方略は自分の頭のなかだけで用いるものばかりではない。道具など自分の頭の外にあるものを用いる方略は**外部化**と呼ばれる。何日も先の予定を忘れないようにメモ帳やカレンダーに書き込んでおくといったことがそれにあたる。5歳くらいから，親に頼んで覚えておいてもらうといった工夫が始まり，8歳前後で盛んに利用されるようになる。また，必要な知識を自分で覚えずに必要なときにインターネットから検索することも知識の外部化である。IT技術の進歩にともなって，外部化の学習方略は一般に浸透していることは周

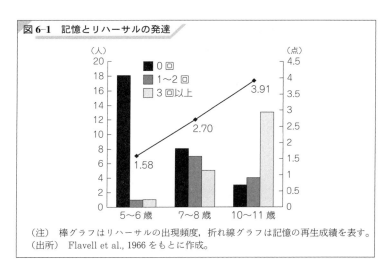

図 6-1 記憶とリハーサルの発達

(注) 棒グラフはリハーサルの出現頻度，折れ線グラフは記憶の再生成績を表す。
(出所) Flavell et al., 1966 をもとに作成。

知の通りである。

メタ認知　　上で述べたように，学校に入ると子どもたちは，教えられたことに対して何らかの工夫をすることで，効率的に理解したり記憶したりするようになる。それは自分自身の認知活動そのものを認識の対象としてコントロール（制御）することである。一般的な認知の上位（メタ）の認知という意味で**メタ認知**（metacognition）と呼ばれる。

メタ認知は大きく分けて 2 つある。1 つは能力や知識それ自体についての知識のことで，メタ認知的な知識という。「自分は暗記物が苦手だけど応用問題は割に得意だ」といった自分自身についての知識や，「人は多くのことを一度に理解するのが難しい」といった一般的な知識などがある。

もう 1 つは，実際に問題を解いている最中に，自分の理解の状態などをモニター（監視）することであり，メタ認知的な活動という。「自分は問題のここが理解できていない」といった現状認識，「この

第 6 章　認知能力の生涯発達　　113

問題は自分に解けそうだ」という評価や予測がそれにあたる。また，モニターをしながら，「この問題は完璧に理解しよう」「だいたいわかれば十分としよう」という目標設定，「難しそうだからできるところから解いていこう」といったプランニングなどもメタ認知的な活動である。

メタ認知は方略を使うことと表裏の関係にある。方略の使用は正確で効率のよいやり方を求めてのことなので，問題を早く正確に解きたいと思うようになることは，メタ認知が発達してきていることを意味する。また，メタ認知が発達することによって方略が適切に利用できるようになるのである。

たとえば記憶容量についてのメタ認知の実験として次のようなものがある。いくつかの数字を数秒の間隔で言われたとして，あなたはいくつの数字を覚えられるだろうか。大人なら 6 個から 7 個くらいはできるだろうと予測する人が多い。実際にテストしてみるとだいたい当たっている。自分の記憶力についてのメタ認知ができているのである。一方，幼児に同じ質問をすると 7 個とか 8 個，なかには 10 個以上と答える子がいる。しかし実際にテストをすると 3〜4 個程度しか答えられない (Flavell et al., 1970; Yussen & Levy, 1975)。自分の認知能力を正しく把握していないのである。10 歳前後で大人と同じくらいの正確なメタ認知ができるようになる。

次に記憶のモニタリングの実験を紹介しよう。私たち大人は何かを記憶しようとする場合，覚えやすさの程度を判断（モニター）して，記憶しようと考える。子どもはどうだろうか。実験 (Dufresne & Kobasigawa, 1989) では，2 つの単語を対にしたものを示して覚えるよう求めた。対は「バットとボール」「犬と猫」というような覚えやすいものと，「本とカエル」「スケートと赤ちゃん」というような覚えにくいものがあり，子どもが覚えられたというまでの時間を

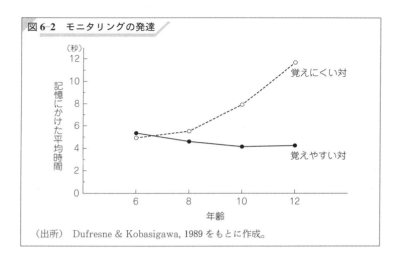

図 6-2 モニタリングの発達

（出所） Dufresne & Kobasigawa, 1989 をもとに作成。

計測した。結果を示したのが図 6-2 である。

図からわかるように，簡単な対では 6 歳から 12 歳まで記憶にかける時間は変わらない。それに対して覚えるのが難しい対においては，6 歳では簡単な対と同じ時間しかかけないが，10 歳くらいから時間が増えている。覚えにくそうだというメタ認知（モニタリング）がはたらくのである。

メタ認知ができるようになると，子どもは自学自習が可能になる。どんなことが自分にはよくわかっていて，何が理解できていないかを的確に考えられるようになるからである。自分の知的能力の発達を自分で制御し始めるのである。自分自身の発達を主体的に制御することは，生涯にわたる発達の重要な特徴である。

形式的操作の発達　　言語を介して表象を柔軟に扱えるようになることを背景にして，子どもは論理的思考を発達させる。論理的に体系立てて考えることができるようになり，さらに，仮説を立ててそこから何が導かれるかを考える仮説演繹的

な推論が可能になる。自分はいま論理的に,体系立てて考えを進めているかをモニターするメタ認知の発達が支えとなり,子どもは目の前の具体物に頼らずに,論理だけにもとづいて思考できるようになる。それが可能になるのは11～12歳以降であり,この発達段階をピアジェは**形式的操作期**と名づけた。

　形式的操作は「関係の関係」を理解することが前提になる。たとえば2:1=6:3という式の意味を理解するには,2:1と6:3それぞれの関係と,その2つの関係どうしが「等しい」という関係,すなわち「関係の関係」がわからなくてはならない。関係そのものを関係づけるということは,体系立てて考えることにつながる。このような**体系的思考**が形式的操作期の大きな特徴である。

(1) 液体の組み合わせ問題

　次のような液体の組み合わせの問題を考えてみよう (Inhelder & Piaget, 1958)。4つのビーカーに無色透明の液体が入っており,別のビンに試薬がある。ビーカーのうちのひとつ,あるいは複数を混ぜ合わせると,試薬によって液体が黄色に変わる場合がある。黄色になるのはどのビーカーが関係しているのかを明確にすることが問題である。たとえばある問題では,1番と3番のビーカーの液体を混ぜると試薬によって黄色になり,1・2・3でも黄色,ところが1・3・4では黄色にならず,4色全部を混ぜても黄色にならない。一体どういうことだろう？

　具体的操作期の子どもはやみくもに試すことが多く,たまたま黄色になる場合が見つかりはしても,十分な解答が得られない。体系立った探索をすることがこの段階ではまだ難しいのである。形式的操作期の子どもはさまざまな組み合わせを組織的に調べることで,4番のビーカーには中和剤が入っているのではないかという仮説を思いつき,それを実証することで結論に至る。体系的な思考には,

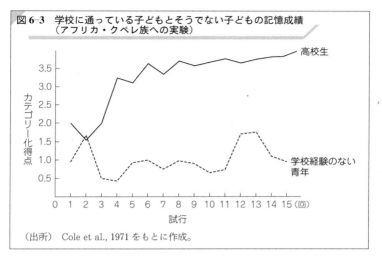

図6-3 学校に通っている子どもとそうでない子どもの記憶成績
（アフリカ・クペレ族への実験）

（出所）　Cole et al., 1971をもとに作成。

対象についての仮説を作りながら理解を進めることがともなうことが多い。体系的思考は科学的推論の基礎となる。

(2) 学校教育の影響

　形式的操作の獲得には学校での学習が大きく影響する。図6-3はアフリカのクペレ族の10代後半の子どもたちを対象にした記憶テストの結果である（Cole et al., 1971）。学校（高校）に通っているグループと通っていないグループとで，記憶テストを繰り返したときに大きな差が見られる。このテストでは項目のいくつかが同じカテゴリー（たとえば動物）に属すように作られていた。テストを繰り返すうちに，高校生たちはそのことに気がついて同じ仲間どうしをまとめる（カテゴリー化する）という方略を使うようになり成績が向上したが，学校に通っていない同年齢のグループでは成績は伸びなかった。形式的操作の獲得には学校教育が大きく影響しているのである。

　多くの社会に学校があり，子どもが皆学校に通って学習すれば形

式的操作の段階に達する子どもが増えることになる。逆にいえば、学校制度が整っていない社会では、大人になっても形式的操作の段階に達しない場合が多いことになる。第1章で述べたように、発達は社会や文化（上の例でいえば学校がどの程度普及しているか）に埋め込んでいるのであり、時代とともに大きく変化するのである。

2 認知能力の生涯発達と可塑性

成人後も知能は変化するのか

　学校教育を通じて抽象的な言語使用や仮想的な課題設定に慣れ、問題を効率的に解くことに習熟することは、テストによって知的能力を測定することができることを意味する。ここでは知能検査によって成人期の知能がどう変化するかを説明しよう。

(1) 知　能　検　査

　そもそも知能検査はどのような目的で作られたのだろうか。知能検査は、19世紀にフランスのビネーが、子どもの学校教育への適性を調べる目的で、つまり学校での潜在的な学習能力をどの程度もっているかを測るという目的で考案したことに始まる。その後に作られたさまざまな知能検査は、ビネーの検査結果と照らしあわせることでテストとしての妥当性を検証してきた。そのためほとんどの知能検査は学業成績に対する予測力をもっており、検査の得点の高い生徒ほど学校の成績がよい。しかしそれは言い換えれば、知能検査で測られる知能は、広い意味での賢さや頭のよさというより、あくまで学校の勉強ができることと結びついたものである。かなり限定された賢さであり、知能検査が測る「知能」の限界を示している。そのことが1980年代頃から意識されるようになり、新たな知能の

研究分野が開かれた（第3節参照）。

(2) 知能の縦断データ

知能検査は通常，言語的知識や推論，イメージ操作など種類の異なる複数の課題からなる。大きな分類としては，言語性／非言語性（動作性）や結晶性／流動性といった区分が知られている。対になっているもののうち前者が言語に代表される知能で，簡単にいえば「言葉や物事をどのくらい知っているか」についてのものである。後者は推論能力に代表される，課題を正確かつ効率的に解決する能力，簡単にいえば「理解が速くて応用力があること」を測るものである。

ここでは言語的知能と推論的知能を取り上げて，成人期の発達的変化を見てみよう。図6-4は25歳から67歳までの，同じコホートの縦断的データをグラフ化したものである（Schaie, 2005）。

図6-4の破線は言語的知能の縦断データのグラフである。25歳の得点よりも53歳，60歳の得点のほうが高く，67歳とほぼ同じである。成人期を通じて，きわめて安定していることがわかる。言語的知能とは語彙や文法などについての知識である。私たちは日常的にことばを使い，テレビや新聞で文章を聞いたり読んだりしている。ことばをつねに使用し学習し続けていることが縦断データに反映していると言ってよいだろう。

図6-4の実線は推論的知能の縦断データのグラフであり，第1章の図1-4のbと同じものである。推論能力を測定するための典型的な問題では，文字や記号が一定の規則のもとに並んでおり，その規則を推論することが求められる。例をあげると，「1, 2, 4, 7, (　), 16, 22……」という数の並びが示され，括弧にはいる数は何かが問われる。これを考える際には，1と2，2と4，4と7……のように項目どうしの関係を体系的に見ていくことで，2つの数の差

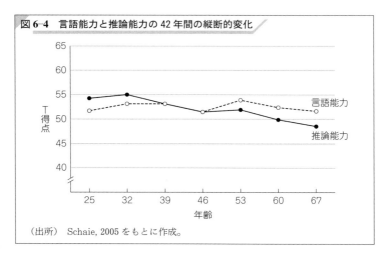

図 6-4　言語能力と推論能力の 42 年間の縦断的変化

(出所)　Schaie, 2005 をもとに作成。

(関係) が 1, 2, 3 となっていることに気づく。7 と次の項目の差は 4 のはずだから，括弧のなかは 11 だろうと推論する。「関係の関係」をもとに推論を行なう形式的操作が必要とされることがわかるだろう。

　図 6-4 から，推論的知能は言語的知能に比べれば加齢とともに低下するが，それほど大きな低下ではないことがわかるであろう。第 1 章で説明したように，横断データで見ると高齢期に近づくにつれてはっきりと低くなる。横断データは生年コホート別にデータを得るため，若い世代ほど知能のレベルが高いというコホート差が反映してしまうのである (第 1 章参照)。

加齢により記憶能力は衰えるのか

　認知能力の発達や加齢を考えるとき，知能と並んで代表的なものが記憶である。中年期を迎えた人がよく，人の名前が覚えられなくなったとか，新しく覚えたことをすぐ忘れる，と言うのを耳にする。記憶能力は加齢につれてどう変化するのだろうか。

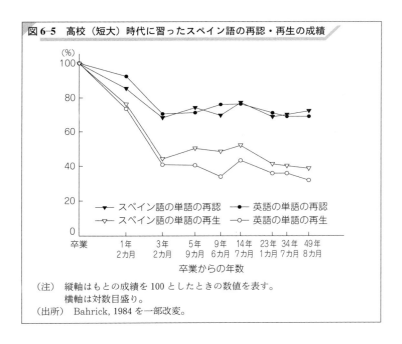

図6-5 高校（短大）時代に習ったスペイン語の再認・再生の成績

(注) 縦軸はもとの成績を100としたときの数値を表す。
　　 横軸は対数目盛り。
(出所) Bahrick, 1984を一部改変。

　ひとくちに記憶といってもいくつかの種類がある。記憶力が衰えたという例でよくいわれるのは，新しく覚えたことがうまく思い出せないということである。それに比べて，昔のことを思い出せなくなったという悩みはあまり聞かない。ここではまず後者（若い頃の記憶の想起）について述べ，次に前者（新しいことの記憶）について解説する。

(1) 若いときの記憶

　アメリカの研究で，高校（または短大）のときに学習したスペイン語を，後年，どのくらい覚えているかを調べた研究（Bahrick, 1984）を見てみよう（図6-5）。高校を卒業してから何年が経過しているかによって8つのグループの人たちが集められ，スペイン語の

テストが実施された。経過年数のいちばん短いグループは1年2カ月，最も長い時間がたった人たちは50年近かった。年齢にすると60歳代後半である。図6-5の上の2本の折れ線は，英語（スペイン語）の単語を協力者に示し，対応するスペイン語（英語）を選択肢のなかから答える問題（再認）の結果であり，下の2本の折れ線は，選択肢を提示せずに答えてもらう再生の結果である。グラフから，学校を出て3年間で成績が落ち，再認（選択肢あり）の場合は7割程度，再生（選択肢なし）の場合は4割程度になる。しかしそれ以後，60歳代まで記憶の成績はあまり変わらない。若いときに学習し身につけたことは，たしかに歳をとってもある程度記憶されているものなのである（なおここで示したデータは横断的方法によるものだが，より正確な発達データを得るには縦断的方法が望ましい）。

(2) 新しいことを記憶する

新しく覚えたことを，必要に応じて思い出すことが加齢とともに苦手になることは多くの人が経験する。そのことは心理学の実験的研究でどのように実証されているだろうか。図6-6の下の折れ線は，20歳代，40歳代，60歳代の人たちに，単語がひとつずつ印刷された52枚のカードを提示し，自由再生をしてもらった結果である（Hultsch, 1971）。60歳代の人たちは，20歳代に比べると，想起できる単語の数が3分の2ほどに減少している。新しいことを覚える力はたしかに低下することがわかる。一方，同じ図の上の折れ線は，覚えるべき単語を同じ種類のものどうしでまとめる方略を教えた場合である。方略を教えられない場合に比べて，特に高齢者では想起できる単語の数がぐっと増えており，若者との差が縮小している。ここから，高齢者の記憶力が低下する理由のひとつは，方略を活用していないためであることがわかる。第1節で，小学生の時期に記憶方略を用いて記憶力が伸びることを説明したが，中年期以降にお

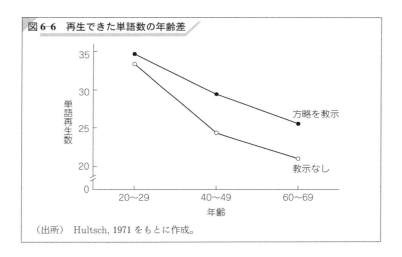

図 6-6 再生できた単語数の年齢差

（出所）Hultsch, 1971 をもとに作成。

いては，逆に，方略の使用が活発でなくなるせいで記憶力が衰えている面がある。記憶力の生涯発達を考えたとき，記憶力それ自体が伸びるとか衰えるというだけでなく，覚えたり思い出したりするための工夫（方略）が重要である。

高齢者の知的訓練　第1章で述べたように，同じ知能検査を1950年代と90年代とで実施して得点を比較すると，若者でも高齢者でも後の調査年ほど得点が高い（図1-4参照）。教育制度が充実し日常での知的刺激が豊かになったことなどが反映したのだと考えられる。世代別に比べてみると，中高年での伸び幅が若い世代を上回るほど大きい。このことは，高齢の世代でも環境からの知的刺激に反応して知能が向上すること，すなわち発達の可塑性（第1章参照）をもつことを示している。そうだとすれば，個々の高齢者も発達的可塑性をもつという仮説を立てられるだろう。つまり訓練によって高齢者の知能が向上することが予測される。それを実証した研究を見てみよう。

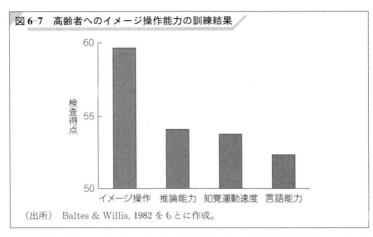

図6-7 高齢者へのイメージ操作能力の訓練結果

（出所） Baltes & Willis, 1982 をもとに作成。

　60歳代から80歳代の人たちを対象にし，知能を構成するさまざまな能力のうちイメージ操作能力を訓練した研究（Baltes & Willis, 1982）を紹介しよう。1時間×5セッションの訓練を実施したところ，図6-7のような結果が得られた。訓練のターゲットとなった能力（イメージ操作）で特に大きな効果が得られ，ほかの知的能力は多少伸びはしたがその幅はずっと小さいことがわかる。

　高齢者の訓練を数年の間隔をおいて3回にわたって実施した研究（Willis & Nesselroade, 1990）では，訓練開始時（平均69歳）よりも終了時（75歳）のほうが知能の得点が高くなった。通常は知能が低下するのが一般的だが，歳をとったときのほうが知能得点が高くなったのである。さらに，中年期にはっきりした低下傾向が見られた人だけを抜き出して訓練を施した場合でも，かなりの得点の伸びが得られた（Schaie & Willis, 1986）。加齢によって知能が低下していても，回復可能性まで失っているとは限らないのである。知能の加齢のしかたが環境の進歩によって大きく伸びること（コホート効果）の発見から予測されたように，個々の高齢者の知能は学習や経験を

通じて伸びる余地がある。中高年になっても発達の可塑性が備わっているのである。

限界テスト

学習や経験による伸び代は、もちろん若者にも十分あるだろう。高齢者のもつ可塑性は、若者と比べるとどの程度なのだろうか。伸び代の大きさそのものが加齢につれてどうなるのかを見ることで、発達・加齢の姿がより明確になるだろう。それを調べるための方法が、有効な方略を若者と高齢者とに長期間にわたって訓練する**限界テスト**（testing-the-limits）である。文字どおり能力の限界で年齢差を調べるのである。

20歳代の若者と60～80歳代の人たちを対象に長期間にわたって実験したクリーグルらの研究（Kliegl et al., 1989）では、30の単語を覚えるために「場所法」という特別な記憶術が実験参加者に教示された。場所法とは、たとえば自宅から通学・通勤先までのルート上にある30個の場所を自動的に想起できるようにしておき、提示される単語を個々の場所と結びつけていく方法である。訓練は全部で20セッションに及んだ。

結果を図6-8に示した。訓練前と訓練後を比較すると、老若ともに得点が大きく伸びたが、伸び方は若者のほうが大きく、老若の差は拡大した。訓練前に見られた両群の重なりがほとんどなくなっていることがわかる。単に方略を教示するだけであれば老若の差は縮小することが多いが、両者の能力を可塑性の限界まで引き出すと年齢差はむしろ拡大し、はっきりした差が現れたのである。人間の知的能力は高齢期に至っても可塑性（学習によって伸びる余地）があるが、一方で、その伸び幅こそが歳をとることによる大きな変化をこうむるのである。

発達の可塑性とは、広く捉えるなら、災害や事故によるダメージから立ちなおったり、移民などによる大きな環境変化に順応する力

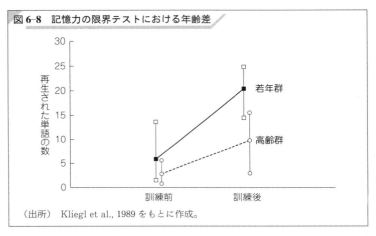

図 6-8 記憶力の限界テストにおける年齢差

（出所） Kliegl et al., 1989 をもとに作成。

である。人間にはほぼ生涯を通じてそのような柔軟性や回復力が備わっているが、歳をとるにつれて確実に小さくなっていくのである。

3 熟達化と実践的知能

加齢のハンディを克服する

社会に出て職業に就くと、そこで必要とされる専門知識やスキルは日々の訓練や研鑽によって向上する。それは**熟達化**（expertise）と呼ばれる。しかし数十年に及ぶ長期間で見たらどうだろう。ベテランとなり基礎的能力や体力が低下を始める一方で、若手が次々に知識やスキルを学ぶ。しかし一般に、ベテランは加齢によるハンディのなかで若者に劣らないパフォーマンスをあげる。それはどのようにして可能なのか。認知心理学の古典的研究として知られているタイピストの例をあげよう。

ワープロが登場して誰でもきれいな活字で文章を打てるようにな

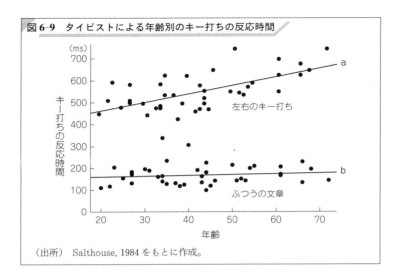

図6-9 タイピストによる年齢別のキー打ちの反応時間

(出所) Salthouse, 1984をもとに作成。

る以前は、手書き原稿の活字化(タイプライティング)は専門技能であり、それを専門にする職業はタイピストと呼ばれた。ソールトハウス(Salthouse, 1984)は、若手から高齢までのさまざまな年齢のタイピストに文章をタイプしてもらい、キーを打つ速度を調べた。すると若手もベテランもほとんど差がなかった(図6-9の下方の線b)。

次にタイプライティングを要素に分解して調べてみた。コンピュータ画面にLかRの1文字だけを提示し、Lだったら左端(Left)、Rだったら右端(Right)のキーを打つよう指示し、その反応時間を調べてみた(図6-9の上方の線a)。文字を見てキーを打つという、タイプライティングの要素的技能を測定するのである。グラフは右上がりになっており、ベテランほど時間がかかることを示している。つまり単純なキー押し(瞬発力)でははっきりした年齢差があるのである。それにもかかわらず、ずっと複雑なはずのテキストのタイ

プライティングでは年齢差が見られない。ベテランのタイピストは要素的技能の衰えを別の技能で補うことで、若手と同じ速さのタイプライティングを実現しているのである。

それはどのような認知技能かというと、キーを打ちながらテキストの先の文字を読むことだと考えられる。ベテランのタイピストは、その技能に長じることで、キーを打つ際の時間的余裕を作り、瞬発力の低下を補っているのである。加齢によるハンディを補うことを**補償**（compensation）という。生涯発達を考えるうえで重要な概念である。

チェスや将棋のプロのプレーヤーでも、長い間第一線にいるためには補償の技能を磨くことが欠かせない。試合で最善の手を指すには、いくつもの選択肢を考え、先の展開を読む必要がある。そのためには記憶力や注意力などの認知的資源を総動員しなくてはならない。次の手を指すまでの制限時間がある試合（対局）では特に、情報処理を効率よく進めなくてはならない。大きな認知的負荷がかかるので加齢はハンディとなる。そこでベテランのプレーヤーは、さまざまな局面についての膨大なパターンの知識を使って、可能な指し手の選択肢を最初から絞り込む（Charness, 1981; Charness, 1991）。その絞り込み方が、長い年月にわたる訓練と試合経験によって的確になっていく。知識によって認知的資源の低下を補償しているのである。

熟達化のプロセスはただ漫然と練習や経験を重ねることではなく、認知技能の向上を目指して絶えず工夫した練習を続けることである。生涯発達という長いスパンで見ると、その工夫の中身として重要なことは、加齢による基礎的能力の低下に対処することであった。そしてもうひとつ、その道を極めたようなベテランの熟達化過程を見てみると、自分の特徴を知り、短所を補いつつ長所を最大限に伸ば

すような練習を工夫しており,結果として独自のスタイルを確立させている。スポーツの世界を例にとるなら,2016年現在,野球のイチロー選手やスキージャンプの葛西紀明選手が40歳を超えて第一線で活躍している。彼らはただ型どおりの練習を一生懸命しているというより,自分の長所短所を把握したうえで,どんな点を伸ばすかを自覚し,その方針にそって練習を行なっている。

「己を知る」ことが,加齢のハンディを克服して活躍し続けるための核心といってよい。その結果として,ベテラン選手は個性的で独自のプレースタイルを確立しているのである。

上手に歳をとる　加齢変化に対処しながら自分の特徴を最大限に生かす練習や訓練を行なう結果として,ベテランが独自のスタイルを確立することは,専門技能の熟達化に限らず,もっと一般的な加齢変化への向きあい方として広げて考えられる。すなわち加齢による衰えがありつつも,歳をとってもこうでありたいという自分を保持できるよう,加齢変化を**制御**することを,多くの人が実践しているのである。誰もが歳をとると衰えていくことは避けられないが,私たちは「上手に歳をとる」ことを心がけている。こうした加齢への向きあい方を生涯発達心理学では**サクセスフル・エイジング**(successful aging)と呼ぶ(Baltes & Baltes, 1990)。

私たちはどのようにして歳のとり方を制御しているのだろうか。ちょっと考えると,歳をとるにつれていろいろな失敗や喪失をしてはじめて,衰えを痛感し,いままでと同じようにはできないと悟ってやり方を変えるように思える。しかし多くの人は,「自分も中年になったのだからそろそろ……」というように,事前に加齢変化への対処をし自分の行動を制御している。そのための汎用的な方略としてバルテスらは**選択**(selection),**最適化**(optimization),**補償**

(compensation) の3つをあげ，頭文字をとって **SOC 理論**と呼んだ (Freund & Baltes, 1998; Freund & Baltes, 2002)。

① 選択（S）：利用可能な時間や労力などの資源が有限であることを自覚し，それを振り当てる対象や分野を選択すること，維持したり伸ばしたりしたい能力を選ぶことである。

② 最適化（O）：選択した領域や能力に資源（時間や労力）を配分して，それまでと変わらない行動を維持することである。

③ 補償（C）：自力で資源の低下に対処できない場合，補助器具を使ったり他者に頼ったりすることで，不足分を補うことである。視力や聴力が衰えて老眼鏡や補聴器を用いるのは典型的な例である。

高齢者の生活から具体的な例をあげてみよう。高齢になって運転免許証を返上して車の運転をやめる決断をするのは SOC 方略の例である。深刻な事故を起こしてしまう前に，車の運転をやめることを選択する高齢者は多い。老いによる機能低下を見越して自分の生活をより安全にすることは老後を自ら制御することである。車がないことで日常生活は不自由になるので，たとえば食料品店の宅配サービスを利用するといった補償をすることで新たな生活スタイルを作り上げる。

老夫婦だけで生活している場合，お互いが元気なうちに老人専用の居住施設に移ることも，老後の生活を自ら制御する SOC 方略の例である。これまでのような生活ができるだけ維持され，かつ将来身体機能が衰えた場合に安心が得られる施設を選び，新たな生活の最適化を図るのである。

SOC の発達差　　自らの認知的資源の配分のしかたは発達や加齢につれて変化するのだろうか。若者と高齢者を比較した実験（Li et al., 2001）を見てみよう。2つのこと

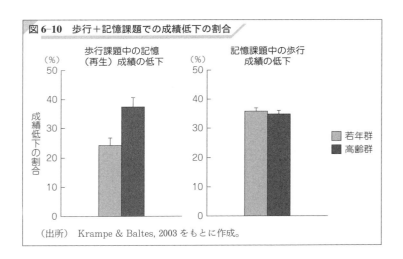

図 6-10 歩行＋記憶課題での成績低下の割合

（出所） Krampe & Baltes, 2003 をもとに作成。

を同時にする場合，それぞれにどのくらい注意や集中を向けるか，つまり認知的資源の振り分けの必要が生じる。その振り分け方が若者と高齢者とでどのように異なるだろうか。

　若者と高齢者に記憶再生のテストをして成績を得たあと，低い平均台の上をできるだけ速く歩いてもらって速度のデータを得た。次に平均台の上を歩きながら記憶テストをしてもらった。実験参加者は歩行と記憶という 2 つのことに資源を配分しなくてはならない。それぞれを単独で行なったときと比べてどのくらいパフォーマンスが低下したかを示したのが図 6-10 である。台上の歩行については両群の低下の割合は変わらなかったのに対して，記憶の成績は，高齢群が若年群に比べて大きく低下した。つまり高齢者は身体の安全に結びつく歩行を優先し，そちらに（若者が配分する以上に）多くの資源を「選択的」に配分したと考えられるのである。

　加齢にともなう認知的資源の配分の違いを模式図にしたものが図 6-11 である。円全体の大きさは認知的資源の量を表しており，若

第 6 章　認知能力の生涯発達　　131

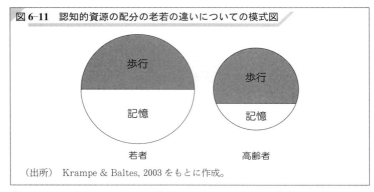

図 6-11 認知的資源の配分の老若の違いについての模式図

若者 　　　　　　　高齢者

（出所）　Krampe & Baltes, 2003 をもとに作成。

者のほうが大きい。ここで注目すべきは，資源を歩行と記憶とにどのように割り振っているかである。高齢者では歩行に割く割合が若者よりも大きい。それによって，歩行に関しては若者にそれほど劣らないパフォーマンスを維持しているのである。

> 実践的知能

第2節で成人期における知能の加齢変化を説明した。発達心理学は，知能検査を使って知的能力を測定することで生涯にわたる知的能力の可塑性を発見したが，同時に，既存の知能検査では測ることのできない「賢さ」を示し，知能の概念を大きく広げることに貢献した。この項ではそれについて説明したい。

(1) **既存の知能検査への疑問**

はじめに既存の知能検査の限界について考えてみたい。知能検査は学校教育への適性を超えて，どのような「賢さ」「頭のよさ」をカバーしているのだろうか。心理学者たちは早くからそのことに関心をもっていた。1980年代にアメリカで知能検査の専門家1000人余りを対象になされた調査結果（Snyderman & Rothman, 1987）を見てみよう。

知能検査が測定するべき重要な要素を尋ねたところ，専門家の大

多数があげたものは、①抽象的な思考・推論、②問題解決能力、③知識の習得能力、④記憶力、⑤環境への適応力であった。これらの能力を測ることが、知能検査のいわば存在理由だと専門家は考えたわけである。

では既存の検査はそれらをしっかり測れているだろうか。上の5つのうちで既存の検査ではうまく測れていないという回答が特に多かったものは⑤環境への適応力であった。環境への適応力とは現実世界に上手に対処し、新しい経験から学ぶ力である。知能検査が学校での成績を予測するという目的にかなってはいても、現実社会を生きるうえでの賢さを同様に予測するかは疑問だと多くの専門家が考えていたのである。

さらに同じ1980年代には、欧米とは異なる文化（アジアやアフリカの伝統社会）に研究者が出かけていき、その文化のなかでどのようなことが「賢い」「頭がよい」こととされているかを精力的に調査した（Cole et al., 1971）。そこで賢さの上位につねにあがったのは、人とうまくやっていく社会的能力だった。他者との葛藤を上手に解決したり、葛藤に至らないようふだんの人間関係を調整すること、社会のルールを守り社会的責任を自覚した行動をとれることなどである。そのような対人的、社会的能力はもちろん欧米でも不可欠であり、学校での学習とは別の、現実生活への実践的な適応能力として、心理学者の関心を集めるようになった。

⑵　学業的知能／実践的知能

日常経験や職業経験を通じて獲得され、現実社会でうまく生きていくために必要な能力は**実践的知能**（pragmatic intelligence）と名づけられた。それに対して従来の知能や学校教育を通じて獲得される知的能力は**学業的知能**（academic intelligence）と呼ばれる（Neisser, 1976）。知能検査や学校教育では、問題があらかじめ定式化され、

正解に至るのに必要な情報が与えられる。そのうえで問題を解く効率性が重視される。この章の最初の節で述べたように，教師や教科書の言葉を介して教授され，ペーパーテストで言葉によって評価されることが多い。

それに対して実践的場面では，学び手は言葉よりも現実そのものから学習し，問題への対処が適切だったかどうかが評価される。問題は定式化されたうえで「与えられる」ことはなく，何が問題なのかを自分で見極めなくてはならない。現実の人間（他者）が関わっていることが多いので，解決に向けて手を打つと，当事者である人たちがそれに反応する。みんなが自分と同じ問題の捉え方をしているとは限らないから，すんなり解決するとは限らず，事態がかえって複雑になることもある。ときには妥協が必要だし，どうなったら解決なのかということ自体を判断しなくてはならない。

もうひとつ，2つの知能に重要な違いがある。学業的知能は，学習した問題を越えて，広く応用できることをねらっている。それに対して実践的知能では，自分が専門にしている職業分野に知識が特化していることが多い。これは**領域固有性**と呼ばれる。たとえば組織の上下関係がはっきりしている職場とそうでない職場では，身につける実践的知識が異なるだろう。自分が属している職場や"業界"の慣習や価値観を知ること，そしてうまく使えることが実践的知能の重要な一要素なのである。

(3) **実践的知能の実証研究**

スタンバーグらは個々の職業分野で必要とされる**暗黙知**（tacit knowledge）を特定し（Sternberg, 1999），分野別の実践的知能の検査を開発した（Sternberg et al., 2000）。調査の結果，その得点は従来の知能検査の得点との相関が低く，職業上のパフォーマンスと正に相関することが示された。経験や練習を通じて獲得される実践的

な認知技能や能力は、ビネー以来の伝統的な知能検査で測られるものとは異なる知的能力なのである。

ブラジルの大手銀行を調査の舞台とした研究（Colonia-Willner, 1998）を紹介しよう。支店長の人たち（24〜56歳）に参加してもらい、将来の幹部候補を選抜するための試験を開発し、実施した。銀行の管理職が遭遇するような複雑な事態を設定して文章として提示し、さまざまな対処法の適切さを評定させたのである。既存の知能検査も同時にやってもらってその成績と比較した結果、はっきりした対照が示された。知能検査の結果は、年齢が若いほど、また学歴が高いほど高かったのに対して、実践的知識を問う検査の結果は、年齢や学歴とは関係なく、知能検査の得点が高いほどよいということもなかった。実践的知能と学業的知能とは性質が異なることが明らかになったのである。

(4) 経験から学ぶとはどういうことか

実践的知能は何によって向上するのだろうか。ちょっと考えると、もともと知能や学歴が高い人が、仕事を覚えるのも速く「仕事のできる」人になるように思われるかもしれない。しかし上の結果は、現実の社会で実践経験を積むなかで、新たな個人差が生まれることを示している。

では経験をたくさん重ねた人ほど高い実践的知能をもつのだろうか。単純にそうだとはいえない。実践的知能は「経験から学ぶ」ことによって向上する。

一般には、経験を積めば積むほど"自然に"賢くなると考えられがちだが、成功例と失敗例をいろいろ知ることになるので、判断に際して迷う材料が増えることにもなり、必ずしも判断力の向上につながらない。場数をたくさん踏みさえすれば賢くなるわけではなく、自分なりの問題意識や基本的スタンスを日頃から自覚し、現実に合

わせて改変したり微調整したりすることが重要である。それこそが経験から学ぶということである。ピアジェの概念を使っていえば，現実に対処するさまざまなシェマをもち，新たな事態に対して「同化」したり「調節」したりすること，それによって現実世界とその変化に自分の理論をフィットさせていくことが大切なのである。

　現実に起こる問題に上手に対処する賢さをこのように考えるなら，それは職業上の専門知識を越えて，もっと一般的な賢さ，つまり上手に生き歳をとること（サクセスフル・エイジング）への知恵として捉えられるだろう。

　実践的知能への関心からさらに進んで，生涯発達心理学が光を当てた概念として，**英知**または**知恵**（wisdom）があり，第9章で詳しく解説する（知能の生涯発達，熟達化と加齢，実践的知能と英知についての詳しい解説は鈴木，2008参照）。

第7章 関係性の発達

人間関係の広がりと深まり

　人は，幼児期に獲得された「重要な他者」との関わりに支えられて，新しい環境で人と出会い，対人関係のルールを学び，そのなかで自分自身についても学んでいく。小学校入学から始まる長い学校教育の過程で形成される対人関係において，集団内での自己の位置づけや友達との関わり方を学ぶ。やがて友情が育まれ，異性に対して関心が高まり，恋をしたりするようになる。さまざまな関係性のなかで受け入れられ，またもがき悩むことによって，自分はどのような人間で，何ができるのかを問い，変容しながら一貫した自己意識が形成されていく。そうした過程を経て成人になると社会の一員としてさまざまな役割を担うようになる。所属するコミュニティ，組織の人間関係や集団における適応は必ずしも容易なことではない。対人関係は，喜びも生み出すが，私たちを深く傷つけるものでもある。本章では，児童期以降の人との関わりの特徴について見ていくとともに，対人関係の発達にともなう心理社会的問題について考える。

1 友人・仲間関係の発達

　人間は社会的動物であるといわれる。人間は生まれたそのときから何らかの集団に属している。赤ちゃんのときは家族のメンバーで

あるが，やがて同世代への関心が生まれる。いつもいっしょに遊ぶ友達ができると，その仲間集団のメンバーという側面が加わる。また保育所や幼稚園，小学校にあがればクラスなどが所属集団となる。

集団が人の単なる寄せ集めでなく，何らかのまとまりがある場合，そこにはメンバーが守るべきルールや約束事がある。それを**集団規範**といい，個人がその集団のメンバーとして行動する際の拠り所や判断基準となる。集団規範を獲得し，対人関係を広げていく過程を**社会化**（socialization）という。集団規範は，家庭や学校などでさまざまな教育を受けることにより獲得されるが，ルール以前に，その原型として，遊びの発達（第4章参照）で紹介した，共同遊びにおけるイメージの共有が考えられるだろう。たとえば大きな積み木を重ねたものを基地に見立てて遊んでいる子どもたちにとっては，その見立てを共有しているかどうかで，その遊びに加わっている「仲間」かどうかが決まるだろう。

子どもの所属集団と社会化

保育所や幼稚園，小学校などは社会制度にもとづく教育の場であり，そこにはさまざまな決まりや約束事がある。保育士や教師は態度とともにそれらをはっきり言葉にして子どもたちに伝え，園や学校の秩序を守るよう促す。「廊下を走らないようにしよう」とか「約束を守ろう」「悪口を言わない」「友達どうし協力しよう」といったことである。それらは公的な教育の一環であり，決まりを守れるかどうかで子どもは教育上の評価を受ける。保育士や教師が主導してなされるさまざまな教育的活動を**フォーマル**（公式）な活動といい，そのようなグループを**フォーマル・グループ**という。

一方，学校での仲良しグループなど，子どもどうしの間で自然に形成される集団がある。そこでははっきりした形で規範が示されることは少ないが，暗黙のルールがあり，メンバーはそれに従うこと

が求められる。そのような集団を**インフォーマル・グループ**といい，そこでの活動を**インフォーマル**（非公式）な活動という。

集団における活動の経験は，子どもの社会化にとって重要な意味をもつ。学校のクラスにしても子どもの仲良しグループにしても，**準拠集団**としての役割をもつからである。準拠集団とは，その集団のルールや価値観がメンバーの行動を規制したり目標を方向づけたりする集団である。準拠集団の集団規範により，子どもは自分の欲求や行動を評価し相対化することを学ぶ。小学校の低学年では自己中心的で感情の統制が未熟なため葛藤の解決が困難であった子どもも，学校の決まりや友達どうしのルールを守り自分の欲求を抑えること，集団内で役割や責任を理解することなどを学んでいく。学校という社会制度における教育を通して成立するフォーマル・グループでの活動と，子どもどうしが主体的に作ったインフォーマル・グループにおける活動の両者を通じて社会化が促進されるのである。学校は，知識や認知スキルの発達（第6章参照）にとっても重要であることはいうまでもないが，それにもまして，フォーマル／インフォーマルな活動を通じて社会化が促進され社会的自己を発達させるうえで大きな役割を果たすのである。

エリクソンの発達理論によれば，児童期は学校や友達どうしの活動で有能感を得ることを通じて，「劣等感」と「勤勉性」との葛藤を克服し「適格（competence）」を獲得するとされる（Erikson & Erikson, 1997）。学校での学習について教師から成績などの評価を受けるとともに，友達とのインフォーマルな場面での関わりあいのなかで自己を成長させるのである。

> 友人関係の発達

集団規範（決まりごとや暗黙のルール）にそのまま順応し，メンバーの多くの意見に調子を合わせ，賛同して従うことを**同調**という。どのような集団でも，

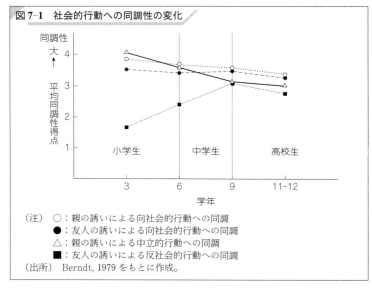

図7-1 社会的行動への同調性の変化

(注) ○：親の誘いによる向社会的行動への同調
● ：友人の誘いによる向社会的行動への同調
△：親の誘いによる中立的行動への同調
■ ：友人の誘いによる反社会的行動への同調
(出所) Berndt, 1979 をもとに作成。

集団には，多かれ少なかれ同調を求める圧力（同調圧力）がはたらく。集団の暗黙の決まりに対して異論があり，メンバーに表明する場合はほかのメンバーとの対立や葛藤を引き起こすことになる。

　子どもは集団に所属することで，同じ目標や価値観を共有する**仲間意識**を発達させる。また他者のために進んで何かをしてあげるという行動をとることを学ぶ。このような行動は**向社会的行動**と呼ばれる。

　図7-1 は，小学生から高校生にかけて，子どもたちが親または友人のどのような行動に同調するかを調べたアメリカの調査（Berndt, 1979）である。中学にかけて友人の反社会的行動に同調する割合が増加している。友人グループのリーダーが，ときに親や教師の媒介する社会の価値観や常識に相反する行動をしようとすると，グループのメンバーはそれに同調する傾向がある。中学にかけて子どもた

ちは特に反社会的行動に同調することによって仲間意識を高める傾向にあることを、この調査結果は示している。

その一方で、親や友人の向社会的行動への同調は、小学生から高校まで一貫して高く、反社会的行動をしのいでいる。中学生のグループが大人たちの眉をひそめさせるような行為をすることがときどき話題になるが、全体的には、「転校してきた同級生に友人を紹介する」など仲間を助ける行動のほうが一貫して多いのである。

向社会的行動は、自由意思から他者に恩恵を与えようとする行動である。行動類型として寄付・奉仕、分与・共有、援助、労働援助、社会的弱者への援助、親切行動等に分類される。具体的にこの調査では、困っている子に声をかける、自分の物を分け与える、忘れ物をした友達に必要な道具を貸す、わからない問題を教える、具合が悪くなった子といっしょに保健室に行くなどの援助的な行動である。幼児期にも見られるが、そこでは親や保育士に主導され評価されるフォーマルな活動場面が多い。それに対して、学校に入ると同年齢のインフォーマルな関係の場面が増える。状況を理解し、相手に自分を投影して共感することを通して、具体的な援助行動が動機づけられる。子どもの社会化は友達どうしのインフォーマルな関係のなかで大きく発達する。

「グループ」

中学生から高校生にかけて、多くの生徒は、より積極的にインフォーマルな仲間集団（peer group）に所属することを動機づけられる。特に女子は、いわゆる「グループ」を作る傾向にある。中学・高校の学校生活は「グループ」を中心に展開するとさえいえるかもしれない。「グループ」はいわゆる仲良しグループではあるが、いったん所属が決まると自由に抜けたりグループを変わったりできない場合が多いという（幸本，2015）。

「グループ」のなかにいる生徒たちはどのように感じているのだろうか。女子大学生たちが自分の「グループ」経験について語ったことをあげてみよう。

- 「グループ」に属していることは，基本的に学校生活を楽しいものにする。仲間と協力して何かを行ない，一体感や互いに高めあう感覚をもつ。
- 「グループ」の仲間と協調する過程で，お互いの性格や能力の違いを認め尊重することを学び，友情が育まれる。
- 誰かが何かを始めたら自分もしなくてはならず，みんなで同じことをするのが当たり前という雰囲気で，「グループ」の圧力がある。
- 「グループ」のなかで十分心を開けないと感じ，自分がしたいことを口に出したり行動を起こしたりすることに慎重になり躊躇してしまう。
- 「グループ」の仲間とほどよい距離感をとること，そのためにつねにコミュニケーションをとるなど対人スキルを身につけるようになる。「グループ」の影響（圧力）をどう生かすか，友達にどのように接して「グループ」にはたらきかけるかは自分次第だと思う。

ここにはインフォーマルな集団における対人関係の重要な要素が語られている。自分たちで主体的に形成した人間関係だからこそ，楽しい経験を共有し友情を感じる一方で，いつもいっしょにいるがゆえにメンバーの自由を縛り窮屈さを感じさせる（**同調圧力**）。それらに対処するために，対人スキルを身につけるとともに，自分が仲間にどうみなされ位置づけられているかを感じ取り，必要に応じてそれを修正するスキルをも身につけていく。人間関係のなかで自己を冷静に認識するとともに，互いを認め尊重しあう関係を作るこ

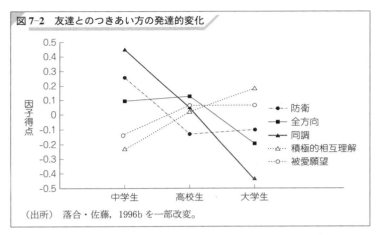

図7-2 友達とのつきあい方の発達的変化

（出所）落合・佐藤，1996b を一部改変。

とを通じて，社会的自己としての有能感を得ていくのである。

ただし「グループ」に所属する経験をもつことが社会性の発達に必須というわけではないだろう。「グループ」の圧力を嫌って飛び出し，独立心を養う生徒もいるだろうし，「グループ」の仲間とうまくやれずに問題を抱えてしまう場合もあるだろう。「グループ」に代表される集団社会との距離のとり方を試行錯誤しながら身につけていくことが青年期の重要な発達の課題なのである。

友人とのつきあい方　上で述べた語りにでてきた友達とのつきあい方の要素は，中学生から大学生にかけての発達のなかでどのように変化していくのだろうか。実証研究のデータから見てみよう（落合・佐藤，1996b）。

図7-2 が示すように，中学生から大学生にかけて，友達との関係のとり方は大きく変化する。中学生では，誰とでも仲良くし，周囲に調子を合わせようとする関係のとり方（「全方向」「同調」）や防衛的な傾向が強い。自分の言いたいこと，したいことを主張することに慎重になるのは，集団の同調圧力が優勢となるということである。

しかし集団の顔色をうかがっているばかりでは学校生活は窮屈である。徐々にコミュニケーションのとり方などの対人スキルを向上させて、仲間の自己表現や自己主張を上手に受け止めながら自分の意見を言えるようになる。高校生、大学生となるにつれて、「同調」「全方向」の割合は減少し、自分の本音を出しつつ、相手の言うことも聞きながら関係を作ろうとするようになる（「積極的相互理解」）。自他の違いを認めあい、必要なことはうまく主張する、対等な友人関係をもつことができる。それは互いを独立の人格として認める大人の人間関係であり、異性間での関係のとり方、パートナーシップにも発展する。

青年期の友人関係の機能　青年期ではフォーマルな活動の評価者であった両親や教師の行動に疑問を抱き始め、その価値観を無批判に受け入れなければならないことに反発し、その支配から脱却しようとし始める。大人の支配を無条件に受け入れていた子どもの状態から脱却することは、一種の成長、自立の現れと受け止められる。

　しかし大人の支配を受ける子どもという立場からの脱却を目指してもがく状態は、まだ真の自立ではない。子どもでも大人でもない、いわばどっちつかずの時期であり、この自立に向かう過程は当然ながら大きな不安を感じる。自分と同じ心身の変化と悩みを経験している同世代の友人の存在は、これまで以上に重要な意味をもつようになる。

2 タテからヨコへの関係性の構築

青年期の精神的自立　青年期には，友人との愛着が強まることと並行して，親への密着した愛着は弱まる。それまでの統制されてきたタテの親子関係における親の支配的態度や価値観の矛盾，親の利己的な側面に反発を覚えるようになり，親と対等な立場で自己主張を試みるようになる。子どもの人間関係は互いを尊重しあう対等なヨコの関係を求めていく。この時期の自立は，親に依存し，親に支配されている自分から脱却して，自らの意思で行動を決定する自己を形成する精神的自立の試みである。

物理的には親に依存しつつ，精神面のみの自立は不安定でさまざまな葛藤を引き起こす。親からの精神的自立の模索は，心理的離乳として第5章で説明した。親の支配的で一方的なやり方に対し，反発を覚え，自分なりの解決を模索することは発達的に意味があることである。しかし親への批判や怒りが強すぎる場合には，情緒的な混乱が大きくより不安定になってしまう。親との葛藤にエネルギーが注がれすぎると，自己の確立が促進されない。

反対に親に対して全くの無批判であれば本当の意味での精神的自立にはならない。自立するためには，依存と批判が共存し葛藤する状態を克服することが必要である。親という惑星から衛星である子どもが離脱するかのようなこの「脱衛星化」の時期はまた，親の影響と保護から離れることの恐怖と不安も高まる。この過程は，子どもから大人への単なる通過点ではない。成人後に真の自立の問題と向きあう人もいる。青年期の課題は一生を通じて向きあう問題でもある。

心理的離乳は，親を否定し，友人と同一視することによって自分とは何かを形成する時期としてのみ捉えられてきた。しかしこの現象は同時に，親や周囲の対人関係に支えられることによって，親やほかの大人の視点を自分の一部として再獲得するという再統合の過程でもあるのである。

親の関わりの変化と発達

　青年期の自立の過程は，親という惑星から離れようとするが，その支えとなる友人関係はまだまだ流動的で不安定である。このとき同世代の友人に受け入れられないことは緊張や不安をもたらすことも多い。したがってこの時期の親からの情緒的なサポートはむしろ重要になる。反抗期とも称される親に対して否定的態度を示すこの時期の子どもに対し，親は肯定的な感情を維持しにくくなるが，反抗は子どもが自立し，これまでのタテの親子関係を修正してひとりの人格として親とのヨコの関係を形成する過程に意味をもっている。子どもは自立を求め，支配から抜け出そうとするため，親は関わり方の変化を迫られるが，親子の情緒的なつながりの否定ではない。子どもの変化に柔軟に対応できる親の養育態度が青年期の自立の鍵となる。

　それではどのような親の養育態度が，子どもの健全な自立を支え，促すのだろうか。親の養育態度は，要求性と応答性の2つの次元に分けて概念化される（Baumrind, 1971）。要求性とは，子どもが成長することを期待しつつ，必要だと思うことについて管理やしつけに努める態度である。応答性とは，子どもからの問いかけや要求を受け止め，必要なら話しあいつつ，子どもの自己主張を認めようとする態度である。要求性のみが高い場合は権威主義的な態度，応答性のみが高い場合は甘やかしの態度となり，ともに自立には適切ではない。どちらも低い場合は放任的な親の養育態度で最も望ましくな

い。要求性と応答性とがともに高く、バランスがとれているあたたかく権威ある親の態度は方向性を示しながら子どもの意思を尊重し支持するので、子どもの有能感を高め自立を促すのである。

> 穏やかな青年期

最近の日本での調査によると、青年期の自立の過程は、親へのはっきりとした反抗的な自立欲求の形をとらない場合が多くなっているようである。2009年の内閣府の調査では、日本の青年回答者の8割が「親の意見にはできる限り従うべきだ」という考えを肯定している。物わかりがよくて優しい、安定志向が高い青年が増えている。このような傾向は、青年期に固有の「克服しなければならない課題」を回避していると見ることもできるかもしれない。しかし比較的安定したいまの日本社会にあって、親の子どもへの期待と、穏やかな青年期の出現とは連動していると考えられる。青年期の社会性の発達が社会化の発達過程を介して、社会の変化と密接に結びついていることを示しているともいえるだろう。

3 親密な関係性の発達

> 親密な関係への関心

青年期には、**第2次性徴**が発現することにともない異性への関心が高まり、異性との親密な関係に興味をもち始める。第2次性徴は外形的性差の発現であり平均的には女子は小学校中学年、男子は高学年に始まる。身体的変化が完了するまでの時期を思春期という。第2次性徴の発現である身体の変化は、生殖能力があることを意味するサインである。女性ホルモンのエストロゲンが多くなると、女性は女性的な顔だちになり、男性をひきつける。一方、男性ホルモンのテストステロン

が多い男性は男性的な顔になり，女性にとって魅力が増すといわれる。

第2次性徴の身体的変化と性的関心の高まりは，青年の情緒や思考を不安定なものにする。この時期に部活動などで競技スポーツに没頭したり，音楽活動やアイドルに熱中することがよくあるが，そこにはこの時期の情緒的な不安定さを回避するという意味もあるとされる。しかし青年期も後半になると，アイデンティティの確立と並行して親密な関係を構築することが可能になってくる。

性的な関心の高まりは，親密な関係を築こうとすることにつながる。ここでいう親密な（intimate）関係とは，主に異性との性的な関心をともなう関係のことである。異性と相互に親密な関係をもち，維持することは，けっして簡単なことではない。相手を知りたい，相手に好かれたい，いっしょにいたいという一方的な欲求だけでは親密な関係をもつことは難しい。

恋愛対象への愛着

親密な関係は，親との関係を除けばこれまでに経験したことのない特別な近しい2者関係である。そのため相手に対して親に対する愛着と同じ要素の期待が投影されることがありうる。図7-3からわかるように，青年期になると相手を信頼する度合いは親友や恋人のほうが母親よりも高くなる。女性は知りあってしばらくは恋人よりも親友のほうを信頼する傾向があり，反対に男性は早い時点で恋人を親友よりも信頼する傾向がある。

青年期の恋愛関係では，相手は信頼に足る相手なのか，自分は相手から尊重されているかという互いの思いから葛藤や駆け引きが生じやすい。パートナーとしての信頼関係を成立させるのに重要な要素は，自他を尊重し，相手の幸福を願う姿勢であり，相手への思いやりである。恋愛対象を全面的に信頼できるか否かが，結婚相手の

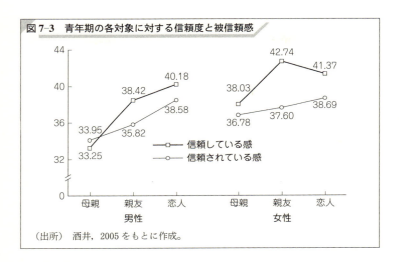

図7-3 青年期の各対象に対する信頼度と被信頼感

(出所) 酒井, 2005をもとに作成。

選択において重要な要素になっている。

パートナーシップの確立

エリクソンは親密性を成人前期の重要な課題として捉え,「意義ある犠牲や妥協を要求することもある具体的な提携関係に自分を投入すること」と定義した。エリクソンによれば親密性とは,他者の欲しているものや関心を示しているものを感じ取れるようになり,不安なしに自分のもっているものを他人に分け与えることができることである。この時期の「心理社会的危機」は,「親密性」対「孤立」(図1-3参照)という,友人やパートナーとのこころを開いた関係をもつことができるか否かを中心とした葛藤である。人は親密性の能力といくらかの孤独との間でバランスをとってはじめて愛する相手に本当の相互性をもって関わることが可能になるのである。自分と相手が対等で,互いに尊重しあい,信頼しあうことができてはじめて友好的な協力関係(パートナーシップ)が確立されるのである。

そのため，青年期の親密な関係は，アイデンティティの確立と密接に関連している。青年期のアイデンティティの確立が未熟な状態で性的関係に進展すると，互いに相手を尊重するパートナーシップは確立できず，関係は破綻しやすく，ときには心理的に深く傷つくことになる。対等であるべき異性に対して，母親に対するような依存的な関係を強く求めようとすることも，アイデンティティが十分に確立されていないことの現れであり，パートナーシップの獲得につながらない。社会的自己としての一定の成熟をした者どうしが親密になり，互いを自立した個人と認めあうことを前提にして，結婚に進むことができる。

4 発達的に見た結婚

結婚に対する意識　　人はなぜ結婚したいと思うのだろうか。18歳から34歳の未婚の人たちに対して調べた調査（国立社会保障・人口問題研究所，2010b）で結婚することの利点としてどのようなことが多くあがっているかを次の図で見てみよう（図7-4）。男性の場合は，この20年あまり「精神的安らぎの場が得られる」が3分の1を占めてトップだったが，最近「子どもや家族をもてる」のほうがわずかに多くなった。「社会的信用や対等な関係が得られる」や「生活上便利になる」は割合を減らしている。一方，女性があげる「結婚することの利点」は，「子どもや家族をもてる」がここ20年割合を増やし続けて半分近くを占め，次いで「精神的安らぎの場が得られる」が3割ほどである。また，「経済的余裕がもてる」も割合を増やしている。私たち人間が社会生活を営み，将来に向けてライフプランをもつことを反映して，結婚して家

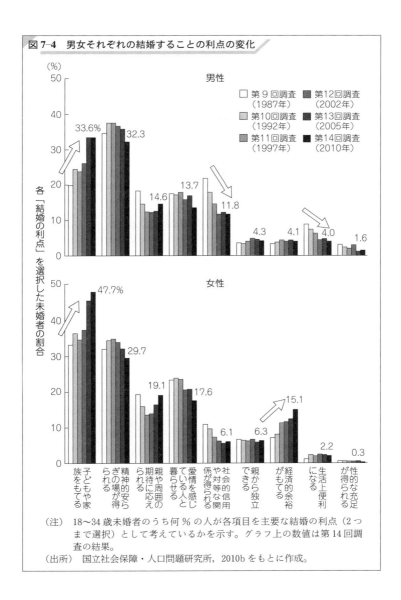

図7-4 男女それぞれの結婚することの利点の変化

(注) 18〜34歳未婚者のうち何％の人が各項目を主要な結婚の利点（2つまで選択）として考えているかを示す。グラフ上の数値は第14回調査の結果。
(出所) 国立社会保障・人口問題研究所，2010b をもとに作成。

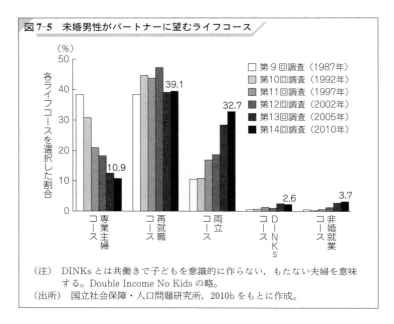

図7-5 未婚男性がパートナーに望むライフコース

(注) DINKsとは共働きで子どもを意識的に作らない，もたない夫婦を意味する。Double Income No Kids の略。
(出所) 国立社会保障・人口問題研究所，2010b をもとに作成。

族をもつということが，結婚への強い動機づけになるのである。

　結婚相手の条件として人はどのようなことを考慮したり重視したりするだろう。調査結果（同上）によると，ここ20年あまり男女とも大きくは変化していない。男性が女性に望むものとしては「人柄」「容姿」「家事の能力」「仕事への理解」が8〜9割を占め，「経済力」「職業」が3〜4割である。一方，女性が男性に望むものでは，「人柄」「経済力」「職業」「家事の能力」「仕事への理解」が8〜9割を占める。20年前から女性は男性に対して「家事の能力」を期待しており，結婚に際して特に「重視する」と回答した割合は2010年で半数近い。

　結婚相手に望むことで最近の変化が大きなものとして，未婚男性がパートナーに望むライフコースがある（図7-5）。調査によると，

1987年には，妻が専業主婦であってほしいと思う男性の割合が，結婚後に退職しても再び仕事に就いてほしいと考える男性の割合とほぼ同じ4割であった。しかし2010年では，専業主婦を望む未婚男性は1割に減り，結婚後も仕事を辞めずにずっと続けてほしいと考える男性が大幅に増えて3割を超えた。1990年代末以来の景気低迷を背景としつつ，女性の社会進出の傾向を多くの若い男性が受け止めていることを示しているだろう。

先に書いたように，結婚することの利点として男女とも家族をもてることをあげる割合が増加しているが，現実には生涯未婚率が増加している。男性では5人に1人，女性では10人に1人が生涯独身であるとされる。家族をもつことを希望しライフプランに組み入れる人が多い一方で，実際にはその通りにいかないケースが増えているのである。結婚して家庭をもつというライフコースが，かつてほど標準的＝当たり前のことではなくなりつつあるといえるだろう。

パートナーに対する愛着

ボウルビィ（Bowlby, 1979）は乳児と養育者の愛着関係の重要性を強調し，生涯にわたりその愛着が対人関係の基礎となると考えた。乳幼児期の愛着がその後の大人どうしの愛着を決めてしまうのだろうか。

成人の配偶者との関係は，基本的には愛情の絆を形成することを通した愛着が基礎となっていると考えられるかもしれない。たしかに，子どもの愛着行動と成人のパートナーとの親密な行動には共通点があるだろう。親への愛着に大きな葛藤をもっていた人は，近しい2者関係でそのような情緒的体験が再現されることはありうることである。しかし，人は青年期以来，親から精神的に自立し，同世代の友人との間で対等な関係を作り維持することを学んできた。互いに自立し対等であるパートナーどうしの愛情は，親への愛着が乳

幼児期に確立されたとしても，その後に青年期の新たな発達的変化が加わったものであり，乳幼児期の愛着に規定されるものではない。

夫婦として家庭という共同生活を長く営んでいくためには，愛情だけでは不十分である。次は，結婚して夫婦となったあとの生活について考えたい。

結婚生活の持続と破綻

結婚生活は長期間にわたって持続させることが望ましいが，自然にそうなるわけではないことは誰もが想像できるだろう。夫婦はどのようにすれば良好な関係を維持できるのか。以下では，その関係が破綻する状態である離婚に焦点を当てることで，夫婦がどのように関係を維持し家庭を営み続けるのかを考えたい。

現代の日本では離婚が増えているといわれ，たしかに増加してはいるが，実際の離婚件数は一般にいわれるほど多くはない。2010年のデータによれば，この年に夫婦であったすべてのペアのうち離婚した割合は1000組に対して5組ほどである（国立社会保障・人口問題研究所，2016）。ただ，社会での離婚の受け止め方はたしかに大きく変わっているといえるだろう。バツイチという言葉に象徴されるように，離婚はかつてのような忌避すべきことではなく，生き方の選択肢とさえみなされるようになった。

しかし実際問題として離婚は簡単なことではない。離婚を決断した人の多くが挫折感や絶望，抑うつ状態などの情緒的混乱を経験する。別れた後も心理的身体的な症状を抱え続ける人は少なくない。また，離婚がたいへんなことであるからこそそこに踏み切れず，葛藤や苦悩を抱えながら，心が離れてしまった相手と形だけの関係を続ける夫婦も多い。

夫婦はなぜ離婚に至るのだろうか。「性格が合わない」ことが離婚の理由として男女ともトップだといわれるが，その根拠となって

いるのは家庭裁判所への調停離婚の申し立ての理由の統計である。調停離婚は全離婚数の1割にすぎず,そこで表面にあがった単純なフレーズがそのまま離婚の本当の理由だというわけではない。実際,結婚に満足している夫婦でも互いの性格や考え方に大きな違いがあるのがふつうであり,それによって衝突する程度は,離婚に至る夫婦とほとんど変わらないという調査結果もある(Gottman & Silver, 1999)。夫婦関係を維持できるかどうかは,対立や葛藤をうまく解決し乗り越えていけるかどうかにかかっている。

(1) **夫婦関係の循環モデル**

結婚生活が維持されるか,離婚に至るかの分かれ道はどのようなものだろうか。夫婦の関係は日々変化していくダイナミズムの過程だという仮定に立った,循環プロセスモデル(Dym & Glenn, 1994; 藤田, 2014)にもとづいて考えてみよう。

そのモデルによれば,夫婦関係は次の3つの過程を循環する。まず①相手との一体感によって自己が拡大するような気持ちになる良好な関係の時期があり,やがて②2人の間にすれ違いや葛藤が生じて,自分のなかへ引きこもるような時期を迎え,③問題を解決し関係を修復する和解の時期を経て,再び①良好な関係の時期へ戻る。夫婦はどんな理想的な組み合わせでスタートしても,何らかの問題や葛藤が降りかかってくるのであり,それに対処して関係を修復することを繰り返す。葛藤や対立が耐え難いほど深刻な場合(たとえば暴力)は即離婚の危機につながるが,葛藤がそれほど深刻でない場合でも,修復が不十分で不信感や嫌悪感が蓄積されていくと危機に至る。

夫婦の一方が子育てに苦しんでいたり職場での仕事の負担が過重になっていたりするとき,相手がそれに無頓着で,協力や共感が得られないことが重なると,夫婦の間に溝ができる。長い人生を生き

ていくなかで，身近な人に頼りたいと思う状況はたびたび起こるが，それを相手が汲み取ってくれなかったり無視されたりすると，相手への失望につながる。親密性に裏打ちされた期待が裏切られるからである。そして自分のなかに引きこもるようになると2人の間の溝が深まり互いのやりとりの歯車が狂いだす。家族臨床の知見によれば，「自分が苦しんでいるときに相手が助けてくれなかった」という思いが蓄積されると，離婚を決断する大きな理由になるという（藤田，2014）。ある家族臨床の専門家は，「パートナーどちらかの危機に対して虚心に助けあえる夫婦には，まず離婚はありません」（藤田，2014, p. 135）と述べている。新婚時代であれば「虚心に助けあう」ことはそれほどたいへんなことではないだろう。しかし結婚して10年，20年たってそれが可能である関係は，日々の葛藤や衝突を克服していくなかで双方が主体的に築いていくものである。結婚するときに性格があう相手を選べばその後の夫婦関係の安泰が保証されるわけではないのであり，さまざまな問題に直面しながら，互いが個として，またカップルとして成熟していく必要がある。

(2) 中高年期の離婚

しばらく前から熟年離婚という言葉がよく聞かれるが，結婚している人を母集団としたときの割合からすると，中高年の離婚の増加の割合はそれほど大きくない。図7-6から，むしろ若い世代の離婚の増え方のほうが大きなことがわかるであろう。

長い結婚生活を経ての離婚が多くないのはなぜだろうか。大きな理由が2つある。1つは，夫婦がそれまで築きあげてきた多くのものを失いたくないからである。長い結婚生活を通じて，夫婦はさまざまな投資をする。子どもを育て，財産を増やす。それを文字どおり台無しにするような結婚の解消は，熟年夫婦にとって現実的でない。子どもたちが独立して家を出ていくこと（「空の巣」）が中年夫

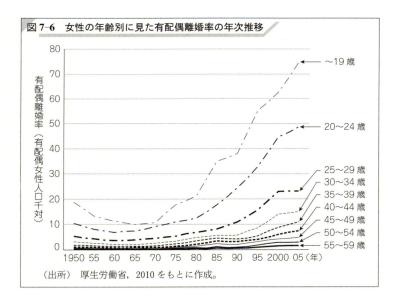

図 7-6　女性の年齢別に見た有配偶離婚率の年次推移
（出所）厚生労働省，2010 をもとに作成。

婦の危機とされるが，それが即離婚につながるかどうかについて確かな実証的データが得られているわけではない。

もう1つの理由は，中高年になってから独り身に戻ることは，若いときに比べるとはるかに大きなストレスになるからである。たとえば病気になる割合は，結婚している人や結婚しなかった人に比べ，離婚した人では高くなる。ただでさえ加齢による機能低下が始まる時期に，慣れないひとりでの生活を始めることは病気への抵抗力を弱めるのである。また精神的健康が低下することも多く，アメリカではアルコール依存症になる確率が高いことが示されている。結婚が永遠だと信じていた人ほど，離婚という現実に直面して心のダメージが大きいことも報告されている。

(3) ケアの視点

夫婦の間で良好な関係が維持されるかどうかは，葛藤がつきもの

第7章　関係性の発達　157

の日常生活にお互いがどう対処するかという観点から考えることができる。そこで鍵となるのが**ケア**という概念である。ケアの観点から夫婦関係を捉え，次に子育て＝親になることについて解説しよう。

ケアはもともと介護や看護の分野で用いられ，弱者への支援的活動という意味合いが強かった。エリクソンはケアという概念を広げ，弱者に限らず広く他者に関心を向けて積極的に関わることとした。今日では家族心理学や家族社会学がこの概念に注目している。平山（1999）は家族内ケアという概念を提唱し，「ほかの家族内メンバーへの関心，愛情にもとづき，生活上の欲求と将来的な必要性を察知し，金銭的報酬を受けずに自発的に自分の資源（時間・能力・労力）を投入すること」と定義している。具体的にいうなら，①夫婦間での互いのいたわり，②家庭で快適に暮らせるための調理や掃除などの家事全般，③子どもへの世話や親の介護である。

現代の日本では，これらは夫婦の間で対等でなく妻の側に偏っており，その結婚満足度を低めている（平山 1999; 柏木, 2013）。一般的に集団や対人関係が持続するためには，誰かのために何かをしてあげたらそれが相手に認められ感謝されたりお返しをされたりするという互恵性が守られる必要がある。家族内ケアという身体的精神的行為が一方のパートナーに偏ることは，互恵性の心理的法則に抵触することであり，不満が蓄積するのは当然である。夫の家事・育児の分担の割合が高まると妻の結婚満足度は高まるが，それは労働が減って楽になるからというより，ともに家族役割を担っているという夫婦としての連帯感（パートナーシップ）をもたらすからなのである。

5 親になることによる発達

親になること

結婚をして子どもをもつことは人生において最も大きな出来事であり，子どもを育てることは最もやりがいのあることである。しかし子どもが誕生して親となり，子どもへの愛情を感じたとしても，親としての役割が果たせるわけではない。親としての役割を果たしていくためには，赤ちゃんの発達や子育てに必要な知識やスキルを身につけて養育する主体としての母親，父親のイメージをもつことが必要である。それは**親準備性**と呼ばれる（井上・深谷，1983）。子どもと接した経験が多い人は親準備性が高いことが知られているが，近年では核家族化やきょうだい数の減少により，家族のなかで幼い子どもの世話をしたり，身近な人が世話をしているところを観察したりする機会が減少した。現代社会では以前よりも親準備性をもちにくくなっているかもしれない。

近年の母親の不安には，仕事をしていた女性が育児のために職場から離れることによる社会的なアイデンティティの喪失や孤立感が関係している。また努力だけでは思いどおりにいかない育児の難しさと，母親による育児に対する社会からの期待（たとえば3歳までは母の手でというような3歳児神話）も現代の母親を追い詰める要因になりうる。母親の子どもに対する愛情や肯定的感情は，父親と比較して差は見られないのに，「何となくいらいらする」「やりたいことができない」などの否定的感情は母親のほうが高い。孤立した育児は誰もが不安とストレスを感じ，誰にとってもリスクとなりうる。子育てをする親にもケアが必要な所以である。

父親の育児参加　最近でこそ「イクメン」が注目されるようになってはきたが、いまだに日本では父親が育児から降りてしまっている場合が多く、そのために母親の育児不安が高い。先に述べたように、夫の家事参加によって妻の結婚満足度があがるのと同様に、父親の育児参加度が高いほど、母親の育児不安は小さくなる（柏木・若松，1994; 平木・柏木，2012）。そのことは、妻の心理的側面にとどまらず、第2子を作るかどうかにも反映している。内閣府の調査（2009年）によれば、休日に父親が家事・育児にまったく関わらない場合、8年後に第2子がいる割合は1割に満たないが、父親が2〜4時間の家事・育児をする場合は5割近くが2人目を作っており、6時間以上の分担では7割近い。父親が家事や育児を分担することは夫婦でさまざまな負担や問題を共有することだから、夫婦双方が安心して家族を増やそうとするのである。

父親の育児参加は子どもの精神的健康にも大きく影響することがわかっている。300組余りの夫婦とその子どもを対象に11年間にわたって行なった縦断調査（菅原，1998）によれば、子どもが5〜6歳のときに父親が積極的に育児をしていたかどうかは、その子どもが10歳になった時点での抑うつ傾向（「生きていてもしかたがないと思う」など）を低めることに寄与していた。乳児期よりもさらに手がかかる幼児期に父親が育児を分担することで夫婦の良好な関係が維持され、家庭の雰囲気があたたかく、子どもは安心して育つという因果モデルが成り立つと、調査をした菅原は報告している。

子育てをめぐる夫婦間のケア　妻のストレスと夫の育児参加という観点で述べてきたが、ケアの視点からもう少し広く捉えるなら、子育てをめぐるストレスに対処するサポート源は、相手が精神的・肉体的に払う苦労を把握し、思いやりのある言動をすることである。ベルスキーとケリーは、妻

の妊娠時から子どもが生まれて幼児期になるまでの夫婦関係の変化について調べた縦断調査（Belsky & Kelly, 1994）により，既婚カップルの2組に1組は子どもの誕生後に結婚生活が悪化することを見出した。親への移行期には，育児のストレスよりもむしろ親に移行すること自体が夫婦を隔てることに作用する。子どもをもつことは，前節で述べた夫婦の循環モデルでいう単なる問題解決以上の，夫婦関係の再構築が必要だからである。日常の夫婦生活のルーチンを見直す必要に迫られるのである。

　調査では，子どもが生まれた夫婦が相手に何を望むかを尋ねている。それをまとめると次のようになる。ひとつは育児への没入の程度や，家事や仕事の優先順位の変更のしかたが夫婦で異なることを理解することである。もうひとつは，それを踏まえていままでのやり方を子育てという新しい現実に即したものに修正し，2人がチームとしていっしょに働くことである。親になることは互いが相手の立場を理解し自らが変わろうと努める限り，子どもへの養護性を培うだけでなく，夫婦の成熟を促し，それぞれの成人としての人格発達を促すのである。

育児ストレスと社会的サポート

新生児期の不眠不休の世話や，子どもの教育を重責で負担に感じるなどの，育児にまつわるストレスを特に育児ストレスという。自分の子どもの発達を周囲の子どもと比較して過剰に不安になり，わが子をかわいいと思えなくなる。自分に不安を与える子どもに対して否定的な感情を抱くと，そのこと自体に罪悪感を覚え，さらにまた罪悪感を与える子どもに対して否定的な気持ちを増加させる，という悪循環に陥る。

　育児ストレスを軽減したり精神的な苦痛を和らげたりするためには，**社会的サポート**が必要である。社会的サポートとは広く他者か

らの支援のことをいい，相手に共感や励ましなどを示す**情緒的サポート**と，具体的な手助けをする**道具的サポート**がある。母親が孤立して育児をしている場合，それを分担する道具的サポートが重要なことはいうまでもない。父親や祖父母が子育てを担うことはもちろん，保育所やファミリーサポートが一時的に子どもを預かって世話をすることも道具的サポートである。しかしそれに劣らず情緒的サポートも重要である。具体的にいえば，子育てをする母親が周囲に気にかけられていると感じられること，子育てそのものが尊重され価値があるものとみなされていること，同じように子育てを担う相互的ネットワークのメンバーであることなどである。

6 高齢期の夫婦関係と社会的ネットワーク

社会的ネットワークの変化

成人期以降，歳をとっていくにつれて，社会的ネットワーク（つきあいの範囲）は一般に縮小する。従来，それは知りあいの数が減り友人との行き来が少なくなること，すなわち社会から「引退」していく喪失の過程とされてきた。子どもが独立したり配偶者や親友が亡くなったりすることは，老いを象徴するものとして特徴づけられたのである。

しかし第6章で説明したSOCの観点から調査をしてみると，少し違った加齢の姿が明らかになった。私たちは成人期のかなり早い段階から人間関係を選んで絞っており，親しくこころを通わせあえる人との間で感情生活を充実させていることがわかってきた。

アメリカの縦断的調査（Carstensen, 1992）よると，30歳代くらいからつきあいの範囲が狭くなる。ただしそれは学生時代の友達と疎

遠になったり仕事でのつきあいを減らすからであり、親や子ども、親友といった人間関係の核になる人たちとのつきあいは減らないし、行き来の頻度や感情的な絆はむしろ強まる。人間関係が縮小するのは、つきあう相手やつきあい方を積極的に選択していることの現れなのである。

なお、どんな人づきあいをするかは社交性などの個人の性格による。高齢者を対象にした調査によると、つきあいの広さはたしかに性格に左右される。外向的な人ほどつきあいの幅が広く、内向的な人は人間関係をあまり広げない。しかし親密な人たちとの感情面での充実度は性格とあまり関係しない。知りあいの多い少ないに関係なく、親しい人と情緒的に満ち足りた関係をもつことで、多くの人が十分に幸せな心理状態を享受している。中高年での人間関係上の満足度は、人づきあいの広さより質が大事なのであり、人それぞれがSOCの方略によって主体的に作りだしていくのである。

夫婦だけになると、近所とのつきあいをそれまでより密にしたり、サークルに入って知りあいを増やしたりする。

高齢者へのサポートとウエルビーイング

ふだんの生活が良好に維持されている状態を**ウエルビーイング**（well-being）という。それが維持されていることで、感情が安定したり自尊心が保てたりする。人生のどの段階においても重要だが、身体機能が衰えて社会的交わりが小さくなる高齢期ではとりわけ重要な視点である。

ウエルビーイングは自身の健康状態のほかに、他者と良好な関わりをもてているかどうかが鍵になる。他者との関係のうち家族の関係は、よくも悪くも肉親という密な関係によって感情生活の基盤をなす。近所やサークルの友人とよい関係を保つこともウエルビーイングに大きな影響を与えている。友人の場合は自分と気のあう相手

を選ぶことができるし，どこまでも関わりあい続ける義務はないので，肉親に比べて気軽につきあえるという点で，ウェルビーイングに貢献している。家族と友達とは相補う関係にある。

　他者との関わりではサポートが問題になる。身体機能が衰えればサポートを受ける必要があることはいうまでもないが，ただ高齢というだけでお年寄りがみなサポートの受け手だと考えるのは誤りである。読者の周囲を見渡せば，祖父母が子どもの家族の家事や育児を手伝ったりすることはよく目にするだろう。実際，子どもや孫への経済的援助を含め，70歳くらいまでのいわゆる元気な高齢者は，サポートの受け手よりも提供者である場合が多いことが調査によって明らかにされている。サポートは，受け手であることと提供者であることのバランスが取れていることが重要であり，ウェルビーイングにつながるのである。

　他者をサポートする場合に意識しなくてはならないもうひとつ大事なことがある。それは必要なときにサポートが受けられると思えることと，実際にサポートを受けていることを区別することである。前者はもちろんウェルビーイングを高めるが，実際にサポートを受けていること，特に道具的サポートを受けていることは，つねにウェルビーイングを維持したり高めたりするとは限らない。それが必要なくらい困難な状況にあることの影響を除いて考えるとしても，人間の心理として，一方的にサポートだけされるという状況は，負い目となり心理的な満足感が高まるとは限らないのである。

　配偶者に先立たれたり身寄りがなくなったりして社会的に孤立した高齢者が社会的な問題になることが多い。孤独に暮らす高齢者は認知機能や身体機能の衰えが早く，また死亡率が高いことなどが調査で明らかになっている（Breslow & Breslow, 1993）。そのようなケースに対しては，一方的なサポートになりすぎないことに配慮しつ

つサポートの体制を整備することが大切である。

　高齢者へのサポートについて，高齢者が地域活動やサークルの主要な担い手となったり，若い世代の子育てを助けたり経済的支援をしたりすること，しかもそれが高齢者自身の心理的なウェルビーイングにつながっていることを忘れるべきでない。高齢者一人ひとりが置かれた状況をよく見ずに，「サポートが必要な弱者」としてひと括りに捉えるのは古い見方であり，少子高齢化が叫ばれる現代日本の実情にそっていない。

第8章 大人の自己発達

自己を未来へつなぐ

「大人になると発達しない」。人生 80, 90 年が当たり前の高齢化社会になって久しい現代の日本社会においては,このような前提はもはや通用しなくなっている。むしろ,大人になってからの人生のほうが,より長く,豊かな発達の様相を見せていく可能性があるのではないだろうか。なぜならば,その豊かさのなかには,積み重ねられた経験の賜物と呼べるものもあれば,多くのものを失い,その経験から得られたものまで含まれるからである。このような多様な経験をもとに,さらなる発達を見せていくのが「大人になってから」なのである。つまり,読者の多くにとっては,「これから」の話だろう。本章では,読者が長い時間をかけて過ごす「これから」の発達について,大まかな見通しをもつことができるよう,自己のさらなる発達の姿を追っていく。

1 多重化する自己

生き方の多様性を見る

(1) 生き方の多様化

人は,職場や家庭など,自らをどのような社会関係のなかに置くかといった関係性のあり方を選択していく機会が増えることで,自己のあり方を再考する機会が増していく。生き方が多様化したといわれている現代では,さまざまな場面や状況

に出会うことによって,自己そのものが,複雑に多重化していくことがありうる。たとえば,成人期に多くの人が経験する**ライフイベント**である「結婚」では,まず「結婚するかしないか」という選択があり,「結婚する」ことを選択したとしても,その後「子ども」という新たな家族を生み出すこと,つまり「親」となることを選択するかどうかなど,つねにどのような自己を選択し,関係性を築いていくかといった問題に直面する。そして,多様なライフイベントのなかでどのような選択をするのかによって,その後の発達の道筋に大きな変化が起こりうるのである。

(2) **女性のライフコースの多様性**

現代の日本においては,特に女性の生き方つまり女性の**ライフコース**を見ていくと自己のあり方の多様性の一端が明白に現れている(図8-1)。たとえば,男女雇用機会均等法の施行や,近年では1億総活躍社会を目指すなど,法律や政策といった社会の枠組みとして形になってきたことから,女性も男性と同じように積極的に社会参加することが望ましい,という価値観が浸透してきている。さらに,近年の長引く不況の影響により,就職難やワーキングプアーなど,厳しい経済状況により共働きせざるをえないといった家庭も増えてきている。

このような女性が職業をもつことに対する価値観の変化は,女性のライフコースの選択肢を増やし,複雑なものにしている。これまでの女性の生き方として典型的であったのは,図8-1にあるような,結婚し子どもをもち,結婚あるいは出産の機会に退職し,その後は仕事をもたない「専業主婦コース」である。ここには,日本は諸外国に比べると生涯未婚率(50歳時の未婚割合)がきわめて低く,「結婚するのが当たり前」という目に見えない社会からのプレッシャーや価値観が文化的に根づいていたことがその背景として考えられる。

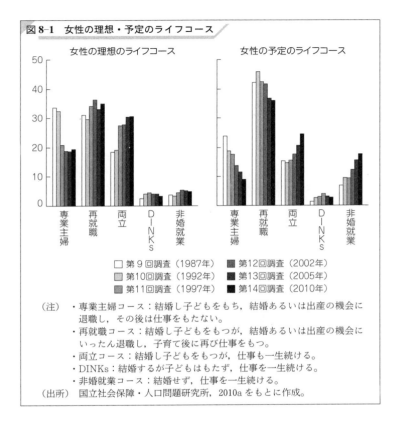

図8-1 女性の理想・予定のライフコース

(注)
・専業主婦コース:結婚し子どもをもち,結婚あるいは出産の機会に退職し,その後は仕事をもたない。
・再就職コース:結婚し子どもをもつが,結婚あるいは出産の機会にいったん退職し,子育て後に再び仕事をもつ。
・両立コース:結婚し子どもをもつが,仕事も一生続ける。
・DINKs:結婚するが子どもはもたず,仕事を一生続ける。
・非婚就業コース:結婚せず,仕事を一生続ける。

(出所) 国立社会保障・人口問題研究所,2010a をもとに作成。

また,近年は特に,図8-1にもあるように,結婚し子どもをもつが,結婚あるいは出産の機会にいったん退職し,子育て後に再び仕事をもつという「再就職コース」を希望し,予定している女性や,仕事をもち続けながら結婚も出産もするという「両立コース」を希望する女性が増えてきている。しかし,働くためには子どもを安心して預けられる場所が必要であり,メディアで「保活」と呼ばれている保育園探しを必死に行なわないとならない状況が,深刻な社会問題

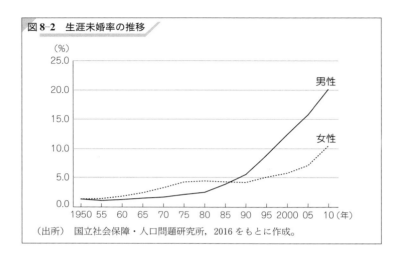

図8-2　生涯未婚率の推移

（出所）　国立社会保障・人口問題研究所，2016をもとに作成。

として注目を集めている。これらのことを考えると，現在急務とされている子育て支援の充実化は，子育てそのものをサポートするだけではなく，女性が一生社会で働き続けることをサポートすることにもつながっているといえるだろう。さらに，近年の晩婚化傾向や生涯未婚率の増加（図8-2），マスコミでも注目されている「おひとりさま」と呼ばれる結婚も出産もしないという「非婚就業コース」も目新しいことではなくなってきていることからも，仕事をすることが女性のライフコースの選択肢として，重みを増していることがうかがえる。一方，家族を形成するという観点からいえば，結婚をしても「子どもを生まない」という生き方を選択する人もおり，文字どおり多様な選択肢のなかから自己のあり方を選択している時代であるともいえる。

　このような個人の生き方が多様化した現代，私たちはひとつの自己という**表象**だけでは語れない自分の姿を実感することになる。すなわち，自らの発達のあり方を**選択**し，**制御**していくことがますま

す必要になってくるのである。

> 複数の役割が影響しあう

現代社会のなかで複雑化し，**多重化した自己**という問題を考える際，たとえば職場では「課長」と家庭のなかでは「夫・父親」といった，個人のなかで複数の役割をもつことを**多重役割**という。それらの複数の役割をもつことが互いに相乗効果をあげることもあれば，逆に役割間の葛藤が増し，それぞれの役割に費やす時間やエネルギーが減っていくことがある。

このような現象を表す概念として，近年**スピルオーバー**（福丸, 2000）という言葉が用いられている。スピルオーバーとは，仕事役割と家庭役割の関係性に関するモデルのひとつであり，一方の役割における状況や経験が，他方の役割における状況や経験に影響を及ぼすことと定義されている。そして，このスピルオーバーは仕事役割から家庭役割，家庭役割から仕事役割の双方向に向かうものとされている。いずれの方向性においても，役割間のネガティブな関係を想定したものとポジティブな関係を想定したものがある。前者は，ネガティブ・スピルオーバーと呼ばれ，たとえば「仕事が忙しくて家族とゆっくり過ごす時間がない」といった状況や，「家族のことが気になって仕事に集中できない」といった状態を示す。一方，後者の状態はポジティブ・スピルオーバーと呼ばれ，たとえば「仕事がうまくいっているので家にいるときも気分がいい」といったものがあげられる（福丸, 2000）。

このように，多重役割を個人のなかに抱えることは，その人の行動や感情，考え方においてネガティブにもポジティブにも影響を及ぼす可能性がある（図8-3）。非標準的経験（第1章参照）によって独自性を増していく成人期においては，特に自らが抱えている役割間のスピルオーバーのあり方を知ることで，多重化した自己を見つめ

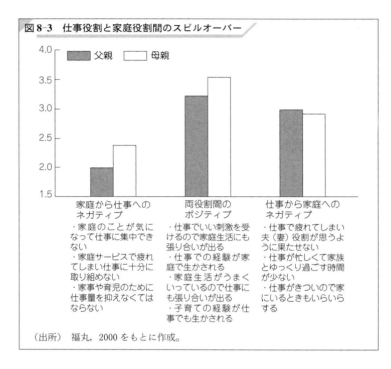

図8-3 仕事役割と家庭役割間のスピルオーバー

（出所） 福丸, 2000 をもとに作成。

なおし，今後の自己の発達のあり方を考える参考となるだろう。

2 自己の揺らぎと成長

　私たちは，前節で述べたような誰もが経験する可能性の高い標準的な発達のコースに沿った生き方だけではなく，まさに多様な自己のあり方を象徴するような非標準的なライフコースを選択することを余儀なくされることもある。たとえば，第1章で述べた喪失経験の多くが非標準的なライフコースをもたらすその代表的な例である

といえる。喪失をはじめとした非標準的な出来事は，それまで時間をかけて形成してきた自己のあり方を再考するきっかけともなりうる一方で，「自分はこの先も，この道で行くのだろう」といった自己の見通しを揺さぶるものともなる。

　本節では，このような揺らぎを通した成長に着目し，中年期（だいたい40歳代以降）の自己の発達を追っていこう。

揺れる自己：「中年期危機」は何をもたらすのか

(1) 分岐点としての中年期

　人生の半ばとなる中年期は，それまで積み重ねてきた経験を生かし，一般的には人生のなかでも最も充実した時間を過ごすことができる時期であるとされている。実際に，1960年代までは，中年期は「生活の享受」「自立性」「身分の保障」などの点から，「人生の最盛期」と捉えられていた（岡本，2002）。

　たとえば，日潟・岡本（2008）は，中年期の人々を対象に，どのように自己の過去・現在・未来を展望し，現在の自己を意味づけているのかということに注目し，精神的健康との関連から，中年期の時間的展望の様相について検討している。質問紙調査の結果，40歳代では未来を志向する傾向が強いものの，その目標とする未来の姿は，自らの身体的な衰えや限界を踏まえたより現実的な目標に変化させており，50歳代には「いま」をポジティブに捉え大切にするという現在志向への転換が見られたことが示されている。また，面接調査の内容を分析した結果，身体的心理的な衰えに気づき，受容していくことにともなって，40歳代では過去の自己を土台として捉え，50歳代では過去の出来事は現在の自己を形成するうえで必然的なものであり，現在の出来事を充実させることが未来の充実につながると捉えていることが報告されている。

　さらに，若本・無藤（2006）の成人期の自己に対する関心とその

評価の発達的変化に関する研究においては、自分には価値があると捉える感情である「自尊感情」と「社会的自己」「内的自己」「身体的自己」「生活的自己」といった4つの側面の自己をどのように評価するかを調べた結果、特に中年後期は、ほかの年代と比べて自尊感情や自己評価が高かったことを報告している。

つまり、これらの研究からは、中年期が「大人になってから」の長い人生を豊かにするための出発点となっていることがうかがえる。1970年代以降には、中年期は生物学的にも、社会的、心理学的にも、また家族発達の側面から見ても、変化の多い時期であるという見方がなされるようになっている（岡本, 2002）。ここからも、中年期とは、この先長く続く人生を、より充実させられるかどうかの分岐点となる時期であるといえよう。

(2) 中年期危機という分岐点

古代中国の思想家・孔子は、自分の人生を振り返り「わたしは15歳にして学問を志し、30歳にして独立した立場を持ち、40歳にして迷わず、50歳にして天命を知り、60歳にして人の言葉を素直に聞くことができ、70歳にして心に従って振る舞っても道を外すことがなくなった」と述べている。このなかでは、40歳という年齢のあり方を「不惑」という迷いのない状態として示している。その反面、神社などでよく見かける「厄年」は、ちょうど40歳前後の人生半ばにあたる時期を示しており、厄払いをするなど何らかの対処の必要性や自己の体調に関する注意喚起を促している。実際に、厄年にあたる年齢では、仕事上の責任が増したり家庭生活が多忙になることから、充実感は増す一方で、心身の不調や事故などの災難に見まわれやすくなる時期とされているのも事実である。つまり、それまで培ってきた自己がこの時期、揺らぐ可能性もあることを示唆している。

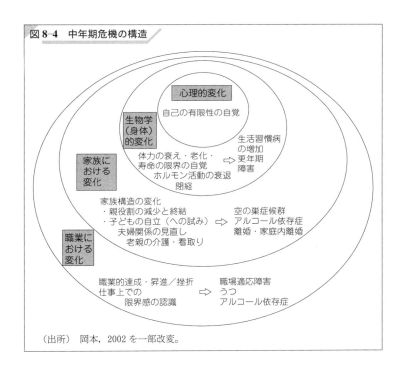

図 8-4 中年期危機の構造

(出所) 岡本，2002 を一部改変。

中年期危機という言葉は，一般には文字どおり「危機的な状態に陥る」という意味合いで広く認識されているが，発達というプロセスのなかで，はたしてそのようなネガティブな体験として一義的に意味づけてよいのだろうか。

たとえば，30〜75 歳の成人 2026 名を対象に質問紙調査を実施した，若本・無藤（2006）の研究によると，「身体の不調」「心理社会面の減退」「志向の転換」「余裕と成熟」の 4 つの領域からなる「主観的老い」の経験について年齢差を検討した結果，「主観的老い」が 40 歳代以降に顕著な発達的経験であること，「志向の転換」を除く老いはおおむね加齢にともない増すことが報告されている。つま

り，中年期は，少なからず老いを感じやすくなる時期であることは否めない。

また，このような自己が直面する危機は，いくつかの問題や不適応をもたらすこともある。たとえば，図8-4に示したように，子どもが親離れすることによって訪れる空虚感や脱力感といったさまざまな心身の不調（「空の巣症候群」）や，アルコール依存などは心身に大きな揺らぎとダメージをもたらすことがある。

このような危機からの立ちなおりについて，家族を始めとした周囲のサポートや社会的な理解が必要であることは間違いない。安定した揺るぎない自己は，自分を取り巻く社会によって支えられているのである。実際に，岡本（1995）は，中年期における職場不適応を示したケースに対して，心理臨床的なアプローチをすることが，アイデンティティの立てなおしすなわち再体制化に有効であることを報告している。これは，中年期においてさまざまな領域で起こってくる危機に対して介入の余地があること，つまり発達の**可塑性**を示唆しているのである。自己を主体的に再体制化していくのは，自分自身である。だからこそ，安定と揺らぎの双方が生じやすいこの時期は，この先長く続く第2の人生に向けたターニングポイントとなりやすいのだろう。

| 自己を見つめ，紡ぎなおす |

(1) 自己の再体制化

しかし，自己を揺るがす危機は，けっして中年期にだけ訪れるものではない。分岐点としての危機は人生のどの時期にも起こりうるものである。

岡本（2007）は，先に述べてきたような危機を主体的に受け止め，それにコミットしていく力こそがアイデンティティの危機を解決し，心を発達・深化させていく源であるとしている。なぜならば，中年期に直面しやすい危機は，「自分がこれまでに選んだ生き方（価値

表 8-1 中年期のアイデンティティ再体制化のプロセス

段階	内　容
I	身体感覚の変化の認識にともなう危機期 （・体力の衰え，体調の変化への気づき ・バイタリティの衰えの認識）
II	自分の再吟味と再方向づけへの模索期 （・自分の半生への問いなおし ・将来への再方向づけの試み）
III	軌道修正・軌道転換期 （・将来へ向けての生活，価値観などの修正 ・自分と対象との関係の変化）
IV	アイデンティティ再確立期 （自己安定感・肯定感の増大）

（出所）　岡本，1997をもとに作成。

観，職業など）は本当によかったのだろうか？」「自分の結婚相手はこの人でよかったのだろうか？」といったこれまで自分が行なってきた数々の選択に対する問いを発する。つまり，現状を明らかに見つめ，新たな自己と向きあうことを通して，その先の発達の道筋を主体的に選択し制御していく機会ともなりうるのである。この中年期の危機からどのように立ちなおっていくのか，そのプロセスを示したのが表8-1である。段階を追っていくと，まず体力の衰えや意欲の低下といった身体面で変化に気づく。そして，自分自身を見つめなおし，どうしたらいいだろうか，ということを模索していく段階に入っていく。次に，自分の価値観を変化させたり，修正したり，自分と関わる相手との関係を変化させるといった軌道修正や転換の時期に入っていく。その後，これまで確立してきたアイデンティテ

ィを再度立てなおすことによって，安定感を得たり，自分はこれでいいのだという自己肯定感を増していくのである。

　これらはつまり，青年期から成人期までの間に長い時間かけて培ってきたアイデンティティについて，現在自分が置かれている状況をじっくりと見なおし，アイデンティティそのものを変化させたり，部分的に修正していくというプロセスなのである。そこで新たに構成しなおされたアイデンティティは，今後の人生を支えていく核となり，変わりゆく自己を支えていくのだろう。

(2) 現代社会に見られる自己の再体制化

　近年，早期退職を選択し，余力のあるうちに，自己がもつ潜在的な能力や新たな可能性を発見し，これからの長い人生をともにしていく自己を紡ぎだす人々が増えてきている。「退職」という言葉を聞くと一瞬ネガティブなイメージを抱きやすいが，自ら選択し制御していくことで，自己はより豊かな広がりを見せていく。

　このほかにも，多様な人生経験を重ねたうえで，大学や大学院で新たな知識や技能を習得するため入学を希望する人々も増えてきている。**生涯学習**や再教育といった観点から，多くの大学で社会人入学などの制度を設け，豊かな人生経験をもち，新たな自己を見つけていこうとする人々に門戸を開いている。実際に筆者は，子育て経験や社会人経験を経た人々が，授業や実習などをともにすることで若者世代にも刺激を与え，学習意欲が高まるなどポジティブな相互作用が起こっている姿を数多く目にしてきた。

　また，高橋（2011）は，定年後あるいは子育て後にアマチュア写真家として学習を続けている市民グループを4年にわたって追跡し，どのように「第2の人生」を充実させているのかを検証した。その結果，写真活動という経験を重ねていくにつれ，写真に関する知識や技術を高め，人間関係を広げたり深めたりしながら，生活の質を

高めていることを明らかにしている。つまり，加齢によるさまざまな衰えと上手につきあう術を身につけていっているのである。

人生のどの時期においても，バルテスのいう非標準的な要因（第1章参照）に含まれるような予期せぬ出来事は起こりうるものであるが，ますます長寿高齢社会となっていく日本においては，人生半ばで迎えるであろうこの大きな分岐点の意味を再考し，重要な発達課題として捉えていく必要があるだろう。

3 自己をつなぐ

前節まで，多重化し，変わり続ける自己の姿を中心に追ってきたが，人の生涯のなかで人生の後半においても，自己はその人のなかだけで完結するものではなく，自己と社会は切り離せないつながり（＝連続性）をもったものであるといえる。

自己のつながりはまた，自己と社会（他者）という2分ではなく，「いま，ここ」と「これから先」といった世代を越えて受け継がれていくものでもある。本節では，そのつながりを示す一例として，近年，生涯発達心理学のなかでも特に注目を集めている「ジェネラティヴィティ」（generativity）という概念を紹介しよう。

ジェネラティヴィティとは　エリクソンの**漸成的発達理論**（第1章参照）では，成人前期には，「親密性」対「孤立」という心理社会的危機にさらされ，生涯をともにするパートナーを得て，親密な人間関係を作ることが大きなテーマとして掲げられている。それが成人期後期になると，そのパートナーとなった夫婦は，自分たちのパーソナリティとエネルギーを2人に共通の子孫に残し，育てていくことに関心が向くようにな

るとされている。簡単にいえば，成人前期では夫婦2人の間の関係性に焦点を当てていたのに対して，成人後期になると子どもや次の時代を担う世代を育てることに関心が向くようになっていくと考えてよいだろう。このような関心や願望が「次の世代の確立と指導に対する興味関心」として広がっていくことをエリクソンは**ジェネラティヴィティ（生殖性，世代継承性）**と呼び，この時期に直面する心理社会的危機を，「ジェネラティヴィティ」対「停滞」と設定している。さらに，これらの危機を乗り越え，ジェネラティヴィティを上手に育んでいくことを通して，自分以外の他者の世話やケアする力が身についていくとしている。また，このジェネラティヴィティという力は，自分の子どもを生み育てることに加え，さらに広い意味では次世代に残す仕事や作品を生み出し，育み，次の世代に継承していくはたらきと捉えることができる。つまり，世代と世代をつなぐ**世代間伝達**といった，より広い文脈から生み育てることを捉えた概念といえよう。

丸島（2000）は，中年期のジェネラティヴィティの発達と自己概念との関連性について検討した結果，ジェネラティヴィティは年齢を重ねるにつれ高くなり，中年期の自己概念はジェネラティヴィティの発達に関連していることを報告している。自己概念のなかでも特に，高い自己評価と健康な自己イメージを示す心理的因子に関連が強いことが示唆されたとしている。つまり，この時期の自己が適応的になっていくためには，ジェネラティヴィティをいかに達成していくのか，自分の人生を次世代の人生とどのように生産的につないでいくのかが問題となってくるのである。

> 自己を次世代へつなぐ

ジェネラティヴィティという概念は，自分個人の一生涯という個人のサイクルだけではなく，広く世代間という長い時間軸や社会とのつながりをより意

識的に捉えた概念であるという点が、前節で見てきた自己の核となるアイデンティティとは一線を画すものでもある。

(1) 親になることによるジェネラティヴィティの発達

成人期は、養育者のケアを受けて育ってきた自分が、結婚や出産といったライフイベントを経験することによって、パートナーや子どもという他者の人生に責任をもったり、育んでいく側へとなっていくという時期でもある（第7章参照）。しかし、人間は親として子どもを育てる側になることを通して、自分自身も親として育てられることもある。親となり、子育てをすることは、親となった者に、親としての新しい行動の仕方や振る舞いを身につけさせていく。また、親となる経験は、子どもと自分との深いつながりにもとづいた深い感情を呼び覚まし、これまで経験したことのない問題に直面したり、新たな関心が広がるといった内的な変化をもたらすこともある。これらの自己の新たな変化は、親になる前に経験した勉強や職業などほかの経験とは全く異なるものであるだけに、ほかでは得られない多くのことを学び、人間として自己が大きく成長する可能性がある。

このような親になることによる成長、発達を調べた柏木・若松（1994）の研究では、表8-2にあげられているように、小さなことにはこだわらず「考え方が柔軟になった」「我慢できるようになった」、世界の状況や環境問題など「子どもを取り巻く環境にまで目が向くようになった」や、「この子のために生きよう」「この子には私が必要」といった子どもが自分の生きがいになるといった成長・発達が認められた。また、特に自己の発達という面においては、人間的な強さを示す内容があげられている。これらの自己の成長は、程度としては母親のほうが父親よりも高いものの、父親、母親ともに親になることを通して自分が何らかの成長をしたと感じている点

表8-2 親となることによる成長・発達

柔軟性	考え方が柔軟になった 他人に対して寛大になった いろいろな角度から物事を見るようになった
自己抑制	他人の迷惑にならないように心がけるようになった 自分のほしいものなどが我慢できるようになった 自分の分をわきまえるようになった
視野の広がり	環境問題(大気汚染・食品公害など)に関心が増した 児童福祉や教育問題に関心をもつようになった 日本や世界の将来について関心が増した
運命と信仰の受容	人間の力を越えたものがあることを信じるようになった 信仰や宗教が身近になった 物事を運命だと受け入れるようになった
生きがい	生きている張りが増した 自分がなくてはならない存在だと思うようになった
自己の強さ	多少他の人と摩擦があっても自分の主義は通すようになった 自分の立場や考えはちゃんと主張しなければと思うようになった

(出所) 柏木・若松,1994をもとに作成。

では,共通している。

こうした親となる経験による自己の発達は,他者の役に立つことで自分の親としてのアイデンティティを確認する,そして他者の役に立つには,自らのアイデンティティが達成されている(成長発達し続けている)ことが前提となっている(岡本,1997)のだろう。つまり,親となり,育むことを通して成長した自己をもとにジェネラティヴィティは発達し続け,「子ども」というその先の世代へとつながっていくのではないだろうか。

(2) 異世代間の伝達

また,近年は親子といった世代の異なる人々どうしの関係性だけ

ではなく，少子化，高齢化といった社会状況の変化を踏まえて，異世代間の交流のなかからジェネラティヴィティの発達を垣間見ることができる取り組みが行なわれつつある。

たとえば，これまでの人生経験で培ってきたさまざまな英知（第9章参照）を有する人々が生活する老人福祉施設と，これからの世代を担う子どもたちが生活する保育所が併設された施設のように，高齢者と子どもがひとつの施設のなかで相互交流できる機会に溢れた日常生活の場などがそれにあたるだろう。これらの施設や交流活動のなかで行なわれる高齢者と子どもたちが給食をともに食べる，伝統遊びを行なうといった取り組みは，現代社会で失われつつある地域社会による次世代育成力を高める活動であるともいえる。

このような活動においては，「これからの人生」と「これまで積み重ねられてきた人生」が共存し，交流をするなかで，子どもたちのなかにその積み重ねが自然に引き継がれていく。高齢者の側にとっても若い世代に自らのジェネラティヴィティを発揮する機会が得られることで，避けることのできない死を迎え自分がいなくなった未来に対する希望へとつながる可能性がある。

自己の発達は時代や社会，文化の影響を受けるものであることから，大人になってからの時間が長くなった現代社会におけるジェネラティヴィティのあり方として，自己の何を伝えていくのか，そして誰が，どのように伝えていくのか，といった問題を具体的に考えていく必要があるのではないだろうか。

4 自己を統合する

近年，さまざまなメディアで「死」という私たち人間が避けるこ

とができない大きなライフイベントを通して，自分の人生を見つめる姿を取り上げた作品を多く目にするようになってきた。たとえば，「自分が死ぬまでの残り時間に，何がしたいのか」を考えることで，自分自身の本当の気持ちに向きあい，残された時間のなかで何らかの形で自己実現をしていく主人公を描いた作品や，「愛する人の死」という非常につらく苦しい喪失（第1章参照）を経験した若い主人公が回復していく姿を描いた作品は，「死」という問題が身近ではない若い世代の人々の関心を集めた。

「死」という問題は私たちが人間である以上，避けることのできない自己の最終到達点である。しかし私たち人間は面白いもので，その避けられない「死」という事態に直面したときにでさえ，むしろ自己にとって最良の最期の時間の過ごし方を考えようと，自己のあり方を模索し，発達変化の多様性を示そうとするのである。

このような「死」に直面した状況ではなくても，私たちは人生の後半になると，人生の残り時間を考えたり，自分の生き方や，自分自身の状況を振り返ることが多くなる。つまり，いつか終わる命の到達点から自分を見つめなおすという形に**時間的展望**のしかたが変化することによって，より意識的に自己のあり方を考える時期なのかもしれない。エリクソンの漸成的発達理論によれば，人生終盤の自己の振り返りは，多様化した自己を統合し，人生の英知の獲得へとつなげていく非常に重要な終焉のプロセスであると考えられる。

本節では，人生の後半に見られる自己の統合の姿をいくつかのトピックスを取り上げながら追っていこう。

| 老いと向きあう自己 |

(1) 諦観する自己

高齢期になると特に，日常生活における物理的な負担（仕事や子育てなど）がある程度軽減されることから，人生を回顧する（振り返る）余裕が出てくる。第1節で見てきたよう

に,「職場での自己」「家庭での自己」「ひとりの人間としての自己」など多重化した自己はともすれば分断され,そのいくつかが,社会的な慣習や年齢的な限界にともなって,失われていくこともある。前節で述べたジェネラティヴィティという概念に示されたような個人内,そして個人間の連続性をもった自己とその所産を継承していくためには,やはり多重化した自己そのものを統合することが必要となるだろう。

　高齢期における自己を見つめなおすという行為は,「老いている自分」という現実と向きあうことでもある。飯牟礼（2010）は,このような物事や現状のあるがままの姿を冷静に見極めることを通して,その後の発達変化を決定づける発達制御のスタイルを**諦観**と呼び,喪失を含む非標準的経験によって,これらの処理プロセスが精神的な成長と結びついていることを報告している。高齢期は特に,バルテスら（第1章参照）が示した通り,何らかの喪失をともなう非標準的経験と遭遇する機会が多くなるため,さまざまな喪失を抱えた自己の姿と向きあう必要が,少なからず生じてくるのである。

　(2)　老いという喪失

　高齢期を迎えると私たちは,「老い」という形でさまざまな喪失を体験する。最も直面しやすい老いをあげると,運動能力や注意力といった身体機能の低下という問題である。高齢者の多くは「階段の上り下りがつらくなった」「長時間集中して物事を行なうことができなくなった」などの身体機能の低下を日常的に実感するだろう。このほかにも,外見上の変化として皮膚のしわやしみ,たるみ,頭髪の変化（薄くなる・白髪になる）,歯や歯肉が弱くなる,背中が曲がるなど,いわゆる一般的に「お年寄り」のイメージ（表象）として抱かれる様相を呈してくる。また,運動機能の面でも衰えが見られる。たとえば,握力の低下や全身の持久力,歩行速度,柔軟性,

平衡感覚などの低下が見られる。このような身体の衰えは，筆者が授業の際，大学生に高齢者のイメージを問うと，「かわいい」「やさしい」といったポジティブなイメージがあるのと同時に，「～できない」といった喪失や衰退を連想させるイメージ（表象）が多くあげられることにつながっているのだと思われる。

しかしながら，このような身体機能における加齢現象は，高齢になるまでにどのような生活を送ってきたのか（職種や日常の運動量など），また現在健康維持のためにどのような養生法を取り入れているかなどによって，非常に個人差が大きいことも知られている。

こういった年齢を積み重ねたことによって生じる影響は，身体面に限らず，心理的な側面においても同様に見られることがある。下仲・中里（1999）によると，70～85歳の15年間にわたるパーソナリティの安定性や変化に関する縦断調査を実施した結果，ポジティブ・ネガティブ両方向の変化が認められたとされている。また，欧米の横断研究においては，加齢にともない「内向的になる」「用心深くなる」「頑固になる」「抑うつ的になる」などネガティブな変化が中心に報告されている。

つまり，老いるということは，年齢や経験を積み重ねていく一方で，失われていく自己と真摯に向きあう作業をともなうことでもある。

統合し，つないでいく自己

それでは，よりよい人生の終焉に向けて，「老い」によって失われつつある自己を統合していくためには，どのようなことが必要になってくるのだろうか。

(1) **高齢期のジェネラティヴィティ**

前項まで見てきたように，高齢期はさまざまな社会的制約に縛られた状態から解放されることによって，これまでの自己を統合して

いくのと同時に，新たな視点から自己の可能性を創造していく時期でもある。特に，前項であげたようなさまざまな喪失とどのように向きあうのかによって，自己を有機的に再構成しようとするか，あるいは自信を失って焦りや孤独感を増していくようになるかなど，自己の発達のあり方に多様性が生まれてくる。

つまり，高齢になるにつれて，**SOC理論**（第6章参照）で示されているように，より意識的に自己のあり方について，自分の資源を**選択**し，可能な限り**最適化**し，場合によっては**補償**できる資源を見つけていく必要が生じてくる。具体的には，「さまざまな社会的制約から解放された」と肯定的に自らの状況を振り返ることを通して，「いま自分ができること，したいことは何か」を現状と照らしあわせて選択し，実現に向けて投資したり，準備をすることを通して最適化し，それらの活動を支えてくれる人々とのかかわりを深めたり物理的資源を投入することによって補償する。そして，人生の終焉である「死」に向けて自分らしい死のあり方を実現している人もいる。また，人生上の問題に対して実践的に役立つ，人生経験から蓄積された知識を**英知**（第9章参照）という形で示していく人もいれば，前節で述べたジェネラティヴィティという形で次の世代に引き継いでいくべきものを積極的に生み出す活動に精を出すかもしれない。

田渕・権藤（2011）は高齢者の世代性（ジェネラティヴィティ）に関する研究において，高齢者はときに自分たちよりも身体的機能の高い若い世代に対して，「助けたい」といった利他的行動をとることがあると指摘している。そして，世代間の良好な相互作用，特に若い世代からのフィードバックが高齢者の世代性発達を支え，利他的行動の継続を促進するというモデルを提唱している。さらに，このモデルを実証的に検討した結果，次世代への利他的行動は，高齢

者が一方的に行ない続けるというものではなく，若年者との相互作用によって，形成されるものであることが示唆されたと報告している。

つまり，豊かな世代間交流を通して，高齢者たちは自らのジェネラティヴィティを意識した行動をとるようになる可能性が育まれるといえよう。

(2) **人生の振り返り：ライフレヴュー（人生回顧）**

人生の振り返りは，このようにさまざまな社会的役割や個人的志向にそって多重化した自己をあらためて見つめなおし，再構成しなおす機会を提供する。特に，高齢期においては，身近に迫った「死」を意識して自分の人生を振り返る**ライフレヴュー**（人生回顧）が，自然と普遍的に行なわれる（Butler, 1963）とされ，未解決となっている葛藤を解決したり，人生の新たな意味を発見する行為として，その肯定的側面が見出されている。たとえば，高齢者を対象に，ライフレヴューを個別に実施した野村（2009）の研究においては，高齢者の自尊感情にポジティブな影響を及ぼすことが報告されている。近年は，高齢者の**生活の質**（Quality of Life; **QOL**）の向上を目的として，このような自己の振り返りを積極的に日々の活動に取り込んでいるケースも見られるようになってきたが，ライフレヴューの頻度や方法によっては，人生の統合において必ずしもポジティブな影響を及ぼすだけではないことも報告されている。

しかしながら，人生80年，90年ともいわれる長寿社会の日本においては，ライフレヴューを行なうことによって，あらためてこの先の時間に何をするべきか，やり残したことはないのかを積極的に考えたり，「死」に向かうだけではなく「生」に向けての志向や希望を生み出す可能性があるのではないだろうか。

(3) 人生の終焉：老年的超越

現在，日本の平均寿命は男女ともに 80 歳を超え，超高齢社会となっている。85 歳以上の超高齢者も増加傾向にあり，ここ数年で 100 歳を超える百寿者も 5 万人を超えるようになってきた。このような超高齢者たちにおける自己の発達を考えるうえで，福祉大国であるスウェーデンの社会学者トーンスタム（Tornstam, 1989）が提唱した**老年的超越**という概念を紹介しよう。

老年的超越とは，トーンスタムによると「物質的で合理的な世界観から，宇宙的で超越的な世界観への高次の見方の変化」であり，この移行にともない，生活満足感が高まると仮定されている（中川, 2008）。さらに，老年的超越の状態になると，生産的であることを重視する価値観や表面的な人間関係から解放され，自己への利己的なこだわりが薄れ，利他的になり，時代や世代や現実を越えて物事をより高次なレベルから捉えられるようになっていくということである。たとえば，自分の命と先祖とのつながりを感じたり，ひとりでいることに価値を見出したり，衰えていく自分のからだや死をあるがままに自然体で受け止めていくといったことである。より一般的な言葉で言い換えれば，達観したような心境に至った状態であるといえよう。

超高齢者における「生」（life）の意味を検討した中川ほか（2011）の研究では，超高齢者が日常生活で体験していることを記述することを目的とした面接調査を行ない，「つながっていること」「変わっていくことに気づくこと」「変わらないことを見出すこと」「自分だけにできることを見つけること」の 4 つのテーマを抽出している。つまり，90 歳を超える超高齢期に入ってくると，人生の終焉に向けて，自己がどうあるべきか，これまでのつながりやつながりを超えたいまの自己の姿をより俯瞰的な立場から振り返り，総括してい

こうとする心境になるのだと考えられる。これはまさに,老年的超越という状態へと発達を遂げていることを示唆しているのではないだろうか。

また,トーンスタム(Tornstam, 1997)の研究では,老年的超越の発達が自然な加齢だけでなく,死別や離別,病気といった喪失をともなう非標準的経験によっても促進されることが実証的に明らかにされている。このような人生の危機は高齢期には起こりやすい問題である一方で,これらの危機があることによって,終焉に向けてより自己を俯瞰的に見つめなおすきっかけともなりうるといえよう。

しかし,バルテスが,生涯発達を規定する要因(第1章参照)のなかでも人生の終焉に向けて非標準的要因の影響力が相対的に強くなると想定していることからも,どのような自己のあり方に到達するのかについては,非常に個人差が大きいことも事実である。なぜならば,人生の終焉に向けて低下していく身体機能や知的機能に対して抗えなくなったとき,自己を超越することは困難になるだろうし,個人の人生経験を次の世代につなげる「ジェネラティヴィティ」を発揮したり,「英知」(第9章参照)という形に結晶化できるかは,知的能力やパーソナリティやそのほかの社会経済的要因などの影響を否定できないからである。ただ,私たち人間は「死」によって心もからだも失われていくだけではなく,誰もが自己を超越していくという発達の可能性を知っておけば,人生に希望を見出し,生涯発達し続ける自己を実現していくことができる可能性はある。超高齢化がますます進む今後の日本社会においては,このような人生の終焉に向けた心理的サポートを積極的に考えていく段階にきているのではないだろうか。

ここまで,生涯にわたる自己の発達を,第5章,8章と追ってきたが,いうまでもなく私たち一人ひとりの自己は他者,そして私た

ちが暮らす社会というマクロな文脈ともつながっている。一人ひとりの自己の発達を的確に捉えていくためには，これらの人々が生きる文脈を統括して考えていく必要があるだろう。

第9章 成熟と英知

人生を上手に生きること

　人間は歳をとるとともに身体機能や基礎的な認知能力が少しずつ低下する。しかし私たちはそれを見越して加齢変化に対処し（SOC方略），上手に歳をとろうとしている（サクセスフル・エイジング）。そこで大切なことは，そのために手持ちの資源（体力や認知能力）を何にどのくらい振り向けるかを決める（選択する）のは，それぞれの個人だということである。私たちは，自分でこうなりたいという中年や高齢者になろうとして，それに向けてSOC方略を用いているのである（加齢の主体的制御）。

　「上手に歳をとって」いる人たちは，同時に周囲からも認められ，頼りにされる存在である場合が多い。そのような大人は，一般に**成熟**した人と呼ばれる。上手な加齢が各人が自分らしくあろうとする主体的制御の現れだとすれば，成熟の姿も多様なはずである。最後の章では，はじめに成熟のあり方の多様性に焦点をあて，自己の発達として感情制御のスタイルを解説する。次に対人関係への対処のしかたのいくつかのパターンを説明する。最後に，生涯を通しての認知能力の理想的な到達点として英知（知恵）について解説する。

1 人はいかに成熟するのか

自他の感情と向きあう　天真爛漫な人を子どものように率直で素直だというが，本当に子どものように感情を表に出す大人はあまりいない。人間関係のなかでもまれながらも精神的健康を保って生きていくうえで，感情をコントロールすることは，大人としての成熟の重要な側面であり，心理的な**ウエルビーイング**（第7章参照）につながっている。ラブヴィ・ヴィーフは，感情制御の原理には一般的に2つの軸があるとする理論を提案している（Labouvie-Vief et al., 1989; Labouvie-Vief & Medler, 2002）。

ひとつは自分自身の快を追求する軸である。いつもできるだけ満足感をもちハッピーな気分でいたい，という傾向は，健康な人なら誰もがもっている。自分の心の安定（快）に結びつかないことに深く関わらないようにする傾向がある（快に向けての感情の最適化）。たとえばテレビで事故や災害のニュースを見て，そのたびに心の底から共感して涙を流すことを私たちはしない。もしもそうしていたら相当に不安定な感情状態になってしまう。

一方，いろいろな感情を知り，自分のなかにさまざまな感情を見出そうとする傾向もある（感情の分節化）。自分が経験していない他者の感情を類推し推し量ることで自分の感情生活を豊かにしようとする傾向である。

あるテレビ番組で次のようなシーンがあった。数万桁に及ぶある数字を暗唱する年配の男性が世界記録に挑戦すべく，判定員や記録員とともに出演した。男性の妻が手作りのおにぎりをもってきたり，緊張で間違えてしまう彼の背中を撫でて励ましたりしていた。男性

は何度も挑戦したものの、不運も重なり記録達成はならなかった。番組の終わりにレポーターが夫婦に、今度生まれ変わったらまたいまの相手といっしょになりたいかと質問した。男性はもちろんですと答えたのに対し、妻は「次は別の人といっしょがいいなあ」と言い、周囲は大きな笑いに包まれた。その言葉は文字どおりではないだろうし、かといって反対の意味だけでもないように思えた。両方の意味が何割かずつ入り混じった、人生のリアリティを反映した上質のユーモアなのである。そのような言動に思わずほほえむことができるのは感情が分節化できるゆえであり、大人としての成熟だろう。それは自分自身の人生を豊かにすることに通じる。

自分の快を追求することと他者のさまざまな感情を知ることは、感情を制御するうえでの2つの軸であり、それぞれの軸のどこに位置するかによっていろいろなタイプ（個人差）がある。快を目指す方向ばかりが強すぎて他者の感情状態に細やかに共感することができない人は、成熟した大人として信頼されないかもしれない。その一方、他人のいろいろな感情状態に敏感に反応しすぎて感情が不安定な人も、周囲が安心して接することができないだろう。自分自身の満足感や幸福感をどのくらい追求するか、他者の感情にどのくらい敏感に反応するかによって、さまざまな成熟のしかたがある。

社会や人間関係のなかでの身の処し方

人間の社会生活は家族から始まり、つねに集団のなかで成長する。大人がさまざまな人間関係のなかで精神的健康を保つ生き方のスタイルに関して、リフは「環境習得」と「個人的成長」という2つの次元をあげて説明している（Ryff, 1989; Schmutte & Ryff, 1997）。「環境習得」とは、既存のさまざまな社会的ルールや人間関係などの社会的環境における適応能力や積極性である。一方「個人的成長」は、新しい刺激を求めて自分をつねに成長し拡大するもの

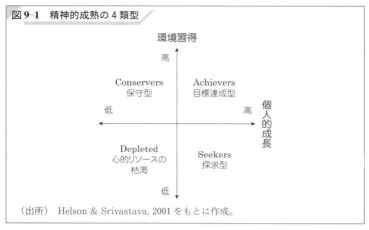

図9-1 精神的成熟の4類型

（出所） Helson & Srivastava, 2001 をもとに作成。

と感じ変化していこうとする傾向である（図9-1）。

1958年と60年にアメリカのある短大を卒業した女性たちを60歳まで5回にわたって追跡した研究（Helson & Srivastava, 2001; Helson & Wink, 1987）では，それら2つの尺度得点の高低によって精神的成熟のしかたを4つのタイプに分けた（短大卒業時点では4タイプはほとんど分化していないが，中年期になるとかなりはっきり分かれた）。

環境習得が高く個人的成長が低いタイプ（保守型）は，社会規範を素直に受容したタイプである。既存の社会規範によってしっかり「しつけられて」おり，たとえば会社で昇進することや標準的な家庭を築くことを，ほかの選択肢とあまり葛藤せずに第一と考える。衝動を制御しルールに従うという点での自己コントロールに優れており，生活の満足度も高い。しかし一方，基本的な価値観や社会通念を疑ったり相対化したりすることがあまりない傾向がある。

それに対して，環境習得が低く個人的成長が高いタイプ（探求型）は，安定を犠牲にしても新しい刺激を求める。仕事についていえば，他のタイプに比べて創造性は突出して高いが，逆に仕事が安定して

いることへの満足度は低い。支配的な価値観から独立していることが心理的な負担とならず，むしろ精神的健康につながっている人たちである。

　一方，環境習得も個人的成長もともに高いタイプ（目標達成型）は，世の中をうまく渡っていくことを肯定的に捉え，既存のルールのなかで明確な目標を定め，それに向けて前向きにがんばる人たちである。自分の目標達成のために既存の社会的枠組みを積極的に受け入れ利用するので，それを批判的に吟味することは探求型よりも少ない。

　大人としての成熟というと，既存の社会的枠組みのなかで大過なくすごし多少の成功をおさめることをイメージすることが多いように思う。しかしそれだけが成熟というわけではない。既存の考え方に異議申し立てをする少数派に位置し続けることでこそ納得し満足するような，いわば「とがった」成熟のしかた（探求型）もある。上手な歳のとり方はけっしてひと通りではないのである。

2　英　知

英知とは何か

　人は成熟とともに"賢く"もなっていく。その場合の賢さとは，ふだんの経験から獲得されるものであり，実践的知能（第6章参照）の一種といってよい。ただ，実践的知能は特定の専門領域，典型的には職業経験と結びついた熟達化の性格を強くもっているが，もっと一般的な，人が生きていくことそのものに関わる問題についての賢さ，聡明さがある。それを**英知**または**知恵**（wisdom）と呼ぶ。英知は，「ふつうはどうするか」といった通り一遍の知識ではなく，さりとて奇をてら

った解決法でもない。人間や社会についての豊富な知識に裏打ちされた，柔軟で明確な見識をもちあわせていることが大きな条件である。

> 英知の測定：英知に関係した知識

英知を心理学的にどのように測定したらよいだろうか。人が生きていくことに関わる，簡単に答えのでない問題を出し，英知の理論にもとづいて回答を評価し得点化する研究がなされている。英知研究をリードしてきたバルテスらは，次のような評価の観点を提案している（Baltes et al., 1991; Baltes & Staudinger, 2000）。人間のもつ考え方や行動パターン，人間どうしで起こる葛藤やトラブルの対処法，社会のルールや習慣，人の発達・加齢のしかたの多様性について，豊富な知識をもっていることが基本である。しかしそれだけでは不十分である。単なる物知りは英知ある人ではない。豊富な知識に裏付けられた自分なりの考えをもつこと，そのうえで自分の考えに固執することなく，それが正しいと思う根拠を自覚し，相対化する構えができていることが必要である。

バルテスらの実験（Staudinger & Baltes, 1996）から具体的に見てみよう。英知を問う問題として，たとえば次のような問題が出される。

　ある人のもとへ親友から電話がかかってきました。にっちもさっちもいかなくなり，自殺するつもりだというのです。どうすればよいでしょうか？

「どうすればよいか？」というのは，電話をかけてきた相手にどう答えるのが適切かという意味ではない。当事者に直接答えるにはさらに細かな事情を知る必要があるし，カウンセリングなどの専門

知識をもっている人が有利だろう。ここでは，上のような問題を考える際の背景知識としてどのようなことを想起し，どう重みづけをして自分の考えをまとめるかを問題にしている。上の問題に対してバルテスらがあげた解答例は次のようなものである。

　この問題は，とにかく何らかの返事をしなくてはならないという実際的な側面がある一方で，人間は自殺が許されるのかという哲学的な側面をも考えなくてはなりません。第一に，この決断は長いプロセスを経たうえでの結果なのか，ある状況下での一時的な反応なのかを知る必要があります。後者の場合は，その状況がどのくらい長く持続するのかはっきりしません。状況によっては，自殺を考えることが理解できるかもしれない。しかし誰しも簡単に人生をあきらめるべきではない。もしもほんとうに死を選ぶのならば，それに値するような「戦い」をしなくてはなりません。また，死にたいという人に対して別の道を示す責任が私たちにはあります。現在の社会は，老人が自ら命を絶つことを徐々に受け入れるようになってきていますが，それは危険なことだと考えるべきでしょう。自殺そのものがいけないという理由に加えて，社会がうまく機能しなくなるからです（Staudinger & Baltes, 1996, p. 762 より訳出）。

この解答はどのような点で優れているのだろうか。実際的な側面とともに哲学的にも考えなくてはならないというのは，自殺という深刻な問題を考える際に必要な幅広い視野を感じさせる。当人にとってだけでなく，人間存在そのものに関わる問題だという視点である。衝動的な決断でないかどうかを知る必要があり，もし熟慮の末であるなら自殺という決断を理解しうる場合もあるかもしれないと

したうえで，しかし「誰しも簡単に人生をあきらめるべきでない」という自分の基本的立場をはっきり打ち出している。その理由は，自殺を容認すると社会が機能しなくなるからであるとして，根拠を明確化している。もしどうしても自殺を考えるなら，現状の困難を打開する最大限の努力をすべきだし，周囲は自殺以外の選択肢を示す必要があるとされる。単に「自殺はよくない」と主張するだけでは，自殺を決断しようとしている人の立場が考慮されていない。死にたい人に別の道を示す責任が周囲の人間にはあることが指摘されている。

英知の発達

英知は経験を通じて獲得する実践的知識としての性格をもっている。たくさん人生経験を積み，長く生きていれば英知は獲得されるのだろうか。上で解説した英知についての課題と作動記憶（ワーキングメモリ：何かを思考しながら用いる記憶）の加齢変化のしかたを比較した実験の結果を見てみよう（Baltes & Staudinger, 2000）。図9-2の左が作動記憶，右が英知課題の得点分布である。

作動記憶は加齢にともなって大きく低下している。70歳以降でいちばん得点が高い人でも20～30歳の平均値に及ばない。それと対照的に英知課題では，平均値をみると20歳代から80歳代に至るまで加齢による変化がほとんど見られない。どの年齢層でも個人差が大きく，歳をとるほど向上するわけでもない。

この結果は，英知が単純に人生経験を積むにつれて豊かになるわけではないことを示している。若いうちから英知を示す人がいる一方で，歳をとれば誰もが英知を獲得するわけでもない。

作動記憶は知能と関係しており，この得点が高い人が知能も高い可能性が高い。したがってこの結果は，英知と知能とは必ずしも強く結びついているわけではないことを示しているだろう。頭の回転

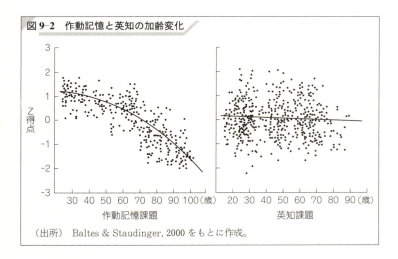

図 9-2 作動記憶と英知の加齢変化

（出所） Baltes & Staudinger, 2000 をもとに作成。

が速い人ほど高い英知をもつとは限らない。

英知はいかに発揮されるのか

図 9-2 の英知の得点は、ただ長く生きてさえいれば英知を得るわけではないことも示している。多くの人生経験をすればたしかに支配的な価値観や常識的見方は獲得される。「ふつうはどう考えるか」ということは身につくが、それだけでは十分ではない。常識的な見方を相対化することができ、「ふつうはこう考えるかもしれないが、自分ならどうするか」という自分独自の視点をもつことが英知につながる。さまざまな人生経験をするなかで、自分の経験を内省することが必要となるのである。

図 9-2 の英知得点の結果を別の角度から検討してみよう。この結果からすると、年長者ほど英知が高いという一般常識は誤りなのだろうか。もしかすると、従来の英知を測定する実験では、年配の人たちが本来もつはずの英知がうまく測れていないかもしれない。人生経験を内省することで英知が獲得されるのであれば、内省的な構

第9章 成熟と英知　201

えで課題に取り組むことがもっと促されるように実験条件を工夫したら，違った結果，つまり若者に比べて年長者がたしかに優れているという結果が得られるのではないか。家族や親友などの親しい他者（パートナー）を実験室にともない，いっしょに考えることにしてはどうだろう。実験参加者をいくつかの条件に分けて行なったバルテスらの実験（Staudinger & Baltes, 1996）の結果を紹介しよう。

　実験条件のなかで最も英知が発揮されたのは，パートナーとともに話しあい，その後でひとりになって内省の時間をもち，話しあった内容を吟味した人たちであった。重要なことは，2人で話しあうことに加えて，ひとりになって内省することであった。というのは，2人で話しあってすぐに解答してもらう条件では成績が思いのほか悪く，終始ひとりで考える通常の条件とほとんど変わらなかったからである。2人で話しあうことでたしかにいろいろな観点から考えることができるようになるのだが，文字どおり「いろいろ考えられる」というところで終わりになりがちで，そのなかの何が本当に大切なのか，もしかしたら間違っていないか，といったことを吟味する機会がないと，一段高次の解答には至らないのである。

　2人で考えた後ひとりになって内省する条件に次いで成績がよかったのは，パートナーをともなわず，こころのなかでパートナー（あるいは自分が最も信頼を寄せる人）と対話をするように教示された人たちであった。この結果は，実際のパートナーがそこにいなくても，こころのなかで対話をすることによって十分な内省ができ，英知を発揮できることを示している。他者は目の前に実在していなくても，こころのなかで対話をする相手となることで英知をもたらすのである。知恵の源は，そばにいていつでも相談できるパートナーや親友に限られるわけではない。いまは会うことができないがこころのなかで対話ができる人，あるいは小説や物語に登場する人でさ

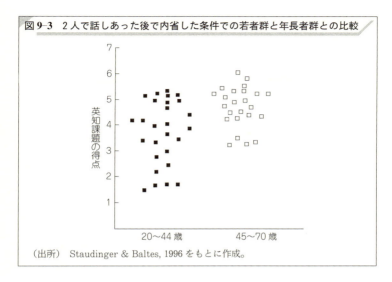

図 9-3 2人で話しあった後で内省した条件での若者群と年長者群との比較

（出所） Staudinger & Baltes, 1996 をもとに作成。

え，その人の考えを理解し信頼できるなら，英知を発揮する際のリソースとなりうるのである。

　2人で話しあった後でひとりになって内省する条件では，若者に比べて年長者が英知を発揮できただろうか。結果を年長のグループ（45〜70歳）と若いグループ（20〜44歳）とで比較したところ，図9-3のように，年長者のほうがはっきりと高い英知得点を示した。先に図9-2で見たように，英知の問題をひとりで考える場合には老若の差はあまり見られない。若者にも英知を発揮する人がいるし，年配の人たちがみな英知を発揮するとは限らない。歳をとることの有利さが発揮されるのは，他者と協働して考え，そして内省をするときなのである。第2章で述べたように，人間は赤ちゃんのときから他者の視点を取り入れて学習をする存在であった。他者とともに考えるときにこそ，自己とは異なる見方を取り入れて高い知的能力を発揮するのは人間独自の基本的性質である。ただし英知のような高

次の能力が発揮されるためには，他者との協働の結果を深く吟味する必要があるのである。

人を愚かさから救うもの

吟味や内省が大切なことに関して，スタンバーグは「頭のよい人がしばしば愚かな行ないをするのはなぜか」と問う（Sternberg, 2005）。高い学歴をもち一流企業に勤める人たちが，企業ぐるみの犯罪や反社会的行為に手を染めることがときどき報道される。自分がふだん仕事をし能力を発揮している組織や"業界"の価値観や常識にとらわれてしまい，その利益を追求することだけを考えるようになってしまうのだろう。知能が高い人が集まっているはずなのに組織全体が愚行に走ることを食い止められないのはなぜなのか。英知と作動記憶の加齢変化を比較した先のグラフ（図9-2）からも示唆されるように，知能が高いことと英知とはイコールではないのである。

私たちを愚かな行ないから遠ざける英知は，日々の経験から学ぶことで獲得される実践的性格をもつ。第6章で述べたように，人は単に場数（経験）を多く積めば賢くなるわけではない。自ら問題意識をもち，経験によってそれを修正したり更新したりすることが必要である。スタンバーグの「愚かさ」の指摘は，ふだんの問題意識の範囲が，自分の所属する組織や業界のなかにとどまっていては，その世界で「優れ者」として一目置かれるにとどまり，英知に至らないことを示している。

スタンバーグは，私たちを愚かな行動から遠ざける英知への手がかりとして，公益性の視点に立つことをあげている。公益性とは，自分がふだん身を置いている世界の外に広がる一般社会の価値観や常識を考慮することである。一般社会の価値観は多元的で複雑である。つまり公益性を考慮することとは，自分がいつのまにか暗黙の

前提にしている狭い信念や価値観とは異なる立場に立ってみることと捉えてよいだろう。英知を獲得するプロセスとは，いったん自分とは異質の他者の考え方を自分のなかに取り入れ，その考え（他者視点）に立ってみること，そして今度はそれを対象化し，それまでの自分の考えと比べるなどして吟味することである。

　人間が0歳のときに獲得する他者の視点への気づきは，生涯を通して認識や理解の基礎となり，英知の源となるのである。

引用・参照文献

Ainsworth, M. D. S. (1967) *Infancy In Uganda, Infant Care and the Growth of Love.* The Johns Hopkins Press.

Ainsworth, M. D. S., Blehar, M., Waters, E. & Wall, S. N. (1978) *Patterns of Attachment: A Psychological Study of the Strange Situation.* Erlbaum. (Reprint edition: 2015. Psychology Press.)

Ainsworth, M. D. S. & Bowlby, J. (1991) An ethological approach to personality development. *American Psychologist*, 46, 333-341.

Ainsworth, M. D. S. & Marvin, R. S. (1995) On the shaping of attachment theory and research: An interview with Mary D. S. Ainsworth (fall 1994). *Monographs of the Society for Research in Child Development*, 60, 3-21.

安藤寿康 (2000)「性格の行動遺伝学」詫摩武俊・鈴木乙史・清水弘司・松井豊編『人間と性格1　性格の理論』ブレーン出版

Astington, J. W. (1993) *The Child's Discovery of the Mind.* Harvard University Press. (松村暢隆訳　1995『子供はどのように心を発見するか──心の理論の発達心理学』新曜社)

Bahrick, H. P. (1984) Semantic memory content in permastore: Fifty years of memory for Spanish learned in school. *Journal of Experimental Psychology: General*, 113, 1-29.

Baltes, P. B. & Baltes, M. M. (1990) *Successful Aging: Perspectives from the Behavioral Sciences.* Cambridge University Press.

Baltes, P. B., Reese, H. W. & Lipsitt, L. P. (1980) Life-span developmental psychology. *Annual Review of Psychology*, 31, 65-110.

Baltes, P. B., Smith, J. & Staudinger, U. M. (1991) Wisdom and successful aging. In T. B. Sonderegger (Ed.) *Nebraska Symposium on Motivation: Psychology and Aging.* University of Nebraska Press.

Baltes, P. B. & Staudinger, U. M. (2000) Wisdom: A metaheuristic (pragmatic) to orchestrate mind and virtue toward excellence. *American Psychologist*, 55, 122-136.

Baltes, P. B. & Willis, S. L. (1982) Plasticity and enhancement of intellectual functioning in old age: Penn State's Adult Development and Enrichment Project (ADEPT). In F. I. M. Craik & S. Trehub (Eds.) *Aging and Cognitive Processes.* Springer.

Baumrind, D. (1971) Current patterns of parental authority. *Developmen-

tal Psychology, **4**, 1–103.

Belsky, J. & Kelly, J. (1994) *The Transition to Parenthood*. Delacorte Press.（安次嶺佳子訳　1995『子供をもつと夫婦に何が起こるか』草思社）

Belsky, J. & Steinberg, L. D. (1978) The effects of day care: A critical review. *Child Development*, **49**, 929–949.

Bem, S. L. (1981) Gender schema theory: A cognitive account of sex typing. *Psychological Review*, **88**, 354–364.

Berndt, T. J. (1979) Developmental changes in conformity to peers and parents. *Developmental Psychology*, **15**, 608–616.

Blos, P. (1962) *On Adolescence: A Psychoanalytic Interpretation*. Free Press of Glencoe.（野沢栄司訳　1971『青年期の精神医学』誠信書房）

Borke, H. (1975) Piaget's mountains revisited: Changes in the egocentric landscape. *Developmental Psychology*, **11**, 240–243.

Bowlby, J. (1952) Maternal care and mental health. *WHO Monographs*, 1–63.（黒田実郎訳　1962『乳幼児の精神衛生』岩崎書店）

Bowlby, J. (1958) The nature of the child's tie to his mother. *The International Journal of Psycho-Analysis*, **39**, 350–373.

Bowlby, J. (1979) *The Making and Breaking of Affectional Bonds*. Tavistock Publications Ltd.（作田勉監訳　1981『ボウルビイ母子関係入門』星和書店）

Bowlby, J. (1980) *Attachment and Loss, vol. 3: Loss: Sadness and Depression*. Basic Books.（黒田実郎・横浜恵三子・吉田恒子訳　1991『母子関係の理論Ⅲ　対象喪失』岩崎学術出版社）

Bowlby, J. (1991) *Attachment and Loss, vol. 1: Attachment*. Basic Books.（黒田実郎・大羽蓁・岡田洋子訳　1991『母子関係の理論Ⅰ　愛着行動（新版）』岩崎学術出版社）

Bowlby, J. (1995) *Attachment and Loss, vol. 2: Separation: Anxiety and Anger*. Basic Books.（黒田実郎・岡田洋子・吉田恒子訳　1995『母子関係の理論Ⅱ　分離不安（新版）』岩崎学術出版社）

Breslow, L. & Breslow, N. (1993) Health practices and disability: Some evidence from Alameda County. *Preventive Medicine*, **22**, 86–95.

Butler, R. N. (1963) The life review: An interpretation of reminiscence in the aged. *Psychiatry*, **26**, 65–76.

Butterworth, G. & Jarrett, N. (1991) What minds have in common is space: Spatial mechanisms serving joint visual attention in infancy. *British Journal of Developmental Psychology*, **9**, 55–72.

Calhoun, L. G. & Tedeschi, R. G. (2006) The foundations of Posttraumatic

Growth: An Expanded framework. In L. G. Calhoun & R. G. Tedeschi (Eds.) *The Handbook of Posttraumatic Growth: Research and Practice*. Erlbaum.

Carstensen, L. L. (1992) Social and emotional patterns in adulthood: Support for socioemotional selectivity theory. *Psychology and Aging*, **7**, 331–338.

Charness, N. (1981) Search in chess: Age and skill differences. *Journal of Experimental Psychology: Human Perception and Performance*, **7**, 467–476.

Charness, N. (1991) Expertise in chess: The balance between knowledge and search. In K. A. Ericsson & J. Smith (Eds.) *Toward a General Theory of Expertise: Prospects and Limits*. Cambridge University Press.

Cole, M., Gay, J., Glick, J. A. & Sharp, D. W. (1971) *The Cultural Context of Learning and Thinking: An Exploration in Experimental Anthropology*. Basic Books.

Colonia-Willner, R. (1998) Practical intelligence at work: Relationship between aging and cognitive efficiency among managers in a bank environment. *Psychology and Aging*, **13**, 45–57.

大坊郁夫 (2006)「幸福感および生きがいと人間関係」島井哲志編『ポジティブ心理学——21世紀の心理学の可能性』ナカニシヤ出版

Damon, W. (1983) *Social and Personality Development: Infancy Through Adolescence*. W. W. Norton & Company. (山本多喜司訳 1990『社会性と人格の発達心理学』北大路書房)

Damon, W. & Hart, D. (1988) *Self-Understanding in Childhood and Adolescence*. Cambridge University Press.

DeVries, R. (1969) Constancy of generic identity in the years three to six. *Monographs of the Society for Research in Child Development*, **34**, 1–67.

DeCasper, A. J. & Fifer, W. P. (1980) Of human bonding: Newborns prefer their mothers' voices. *Science*, **208**, 1174–1176.

DeLoache, J. S. (1989) Young children's understanding of the correspondence between a scale model and a larger space. *Cognitive Development*, **4**, 121–139.

Dromi, E. (1999) Early lexical development. In M. Barrett (Ed.) *The Development of Language*. Psychology Press.

Dufresne, A. & Kobasigawa, A. (1989) Children's spontaneous allocation of study time: Differential and sufficient aspects. *Journal of Experi-

mental Child Psychology, **47,** 274–296.
Dunn, J. (1988) *The Beginnings of Social Understanding.* Harvard University Press.
Dym, B. & Glenn, M. L. (1994) *Couples: Exploring and Understanding the Cycles of Intimate Relationships.* Harper Perennial.
Eckerman, C. O., Whatley, J. L. & Kutz, S. L. (1975) Growth of social play with peers during the second year of life. *Developmental Psychology,* **11,** 42–49.
Eimas, P. D. (1985) The perception of speech in early infancy. *Scientific American,* **252,** 46–52.
Elder, G. H. (1974) *Children of the Great Depression: Social Change in Life Experience.* University of Chicago Press.（本田時雄・川浦康至・伊藤裕子・池田政子・田代俊子訳　1986『大恐慌の子どもたち——社会変動と人間発達』明石書店）
Erikson, E. H. (1980) *Identity and the Life Cycle.* W. W. Norton & Company.（西平直・中島由恵訳　2011『アイデンティティとライフサイクル』誠信書房）
Erikson, E. H. & Erikson, J. M. (1997) *The Life Cycle Completed: A Review (Expanded Edition).* W. W. Norton & Company.（村瀬孝雄・近藤邦夫訳　2001『ライフサイクル, その完結（増補版）』みすず書房）
Fantz, R. L. (1963) Pattern vision in newborn infants. *Science,* **140,** 296–297.
Field, T. M., Woodson, R., Greenberg, R. & Cohen, D. (1982) Discrimination and imitation of facial expression by neonates. *Science,* **218,** 179–181.
Flavell, J. H., Beach, D. R. & Chinsky, J. M. (1966) Spontaneous verbal rehearsal in a memory task as a function of age. *Child Development,* **37,** 283–299.
Flavell, J. H., Friedrichs, A. G. & Hoyt, J. D. (1970) Developmental changes in memorization processes. *Cognitive Psychology,* **1,** 324–340.
Freund, A. M. & Baltes, P. B. (1998) Selection, optimization, and compensation as strategies of life management: Correlations with subjective indicators of successful aging. *Psychology and Aging,* **13,** 531–543.
Freund, A. M. & Baltes, P. B. (2002) Life-management strategies of selection, optimization and compensation: Measurement by self-report and construct validity. *Journal of Personality and Social Psychology,* **82,** 642–662.
藤永保（1992）人間の成長における初期環境の影響. 発達研究, **8,** 202–240.

藤永保・斎賀久敬・春日喬・内田伸子(1997)『人間発達と初期環境——初期環境の貧困に基づく発達遅滞児の長期追跡研究(改訂版)』有斐閣

藤田博康(2014)「離婚を選ぶ夫婦たち——いかに危機を乗り越えられるか」柏木惠子・平木典子編『日本の夫婦——パートナーとやっていく幸せと葛藤』金子書房

福丸由佳(2000)共働き世帯の夫婦における多重役割と抑うつ度との関連. 家族心理学研究, **14**, 151-162.

Gergely, G., Bekkering, H. & Király, I. (2002) Developmental psychology: Rational imitation in preverbal infants. *Nature*, **415**, 755.

Gottman, J. & Silver, N. (1999) *The Seven Principles for Making Marriage Work*. Three Rivers Press.

繁多進(1987)『愛着の発達——母と子の心の結びつき』大日本図書

繁多進・荒巻万友美・林睦子・早野里美(1981)保育園児及び家庭児におけるアタッチメントの研究. 母子研究, **4**, 9-24.

繁多進・田島信元・青柳肇・矢沢圭介編(1991)『社会性の発達心理学』福村出版

Harlow, H. F. (1961) The development of affectional patterns in infant monkeys. In B. M. Foss (Ed.) *Determinants of Infant Behaviour*. Wiley.

Harlow, H. F. & Mears, C. (1979) *The Human Model: Primate Perspectives*. Wiley. (梶田正巳・酒井亮爾・中野靖彦訳 1985『ヒューマン・モデル——サルの学習と愛情』黎明書房)

Harlow, H. F. & Zimmermann, R. R. (1959) Affectional response in the infant monkey. *Science*, **130**, 421-431.

Helson, R. & Srivastava, S. (2001) Three paths of adult development: Conservers, seekers, and achievers. *Journal of Personality and Social Psychology*, **80**, 995-1010.

Helson, R. & Wink, P. (1987) Two conceptions of maturity examined in the findings of a longitudinal study. *Journal of Personality and Social Psychology*, **53**, 531-541.

日潟淳子・岡本祐子(2008)中年期の時間的展望と精神的健康との関連——40歳代, 50歳代, 60歳代の年代別による検討. 発達心理学研究, **19**, 144-156.

平木典子・柏木惠子(2012)『家族を生きる——違いを乗り越えるコミュニケーション』東京大学出版会

平山順子(1999)家族を「ケア」するということ——育児期の女性の感情・意識を中心に. 家族心理学研究, **13**, 29-47.

Hollingworth, L. S. (1928) *The Psychology of the Adolescent*. Appleton.

Hrdy, S. B. (1999) *Mother Nature: A History of Mothers, Infants, and*

Natural Selection. Pantheon Books.(塩原通緒訳 2005『マザー・ネイチャー――「母親」はいかにヒトを進化させたか(上下)』早川書房)

Hultsch, D. F. (1971) Adult age differences in free classification and free recall. *Developmental Psychology*, 4, 338-342.

Huttenlocher, P. R. (1994) Synaptogenesis in human cerebral cortex. In G. Dawson & K. W. Fischer (Eds.) *Human Behavior and the Developing Brain*. Guilford Press.

飯牟礼悦子(2010)生涯発達における「諦観」の機能――喪失経験に注目して 2009〜2010年度文部科学省科学研究費補助金・若手研究(B)報告書

Inhelder, B. & Piaget, J. (1958) *The Growth of Logical Thinking from Childhood to Adolescence: An Essay on the Construction of Formal Operational Structures*. Basic Books.

井上義朗・深谷和子(1983)青年の親準備性をめぐって. 周産期医学, 13, 2249-2252.

乾吉佑(2009)『出会いと心理臨床――思春期・青年期への精神分析的アプローチ』遠見書房

伊藤裕子(2006)「ジェンダーとパーソナリティ」二宮克美・子安増生編『パーソナリティ心理学』新曜社

Izard, C. E., Dougherty, L. M. & Hambree, E. A. (1983) *A System for Identifying Affect Expressions by Holistic Judgments*. Instruction Resource Center. University of Delaware.

Kagan, J., Kearsley, R. B. & Zelazo, P. R. (1978) *Infancy: Its Place in Human Development*. Harvard University Press.

柏木惠子(1983)『子どもの「自己」の発達』東京大学出版会

柏木惠子(1988)『幼児期における「自己」の発達――行動の自己制御機能を中心に』東京大学出版会

柏木惠子(1995)『親の発達心理学――今, よい親とはなにか』岩波書店

柏木惠子(2013)『おとなが育つ条件――発達心理学から考える』岩波書店

柏木惠子・若松素子(1994)「親となる」ことによる人格発達――生涯発達的視点から親を研究する試み. 発達心理学研究, 5, 72-83.

加用文男(1992)ごっこ遊びの矛盾に関する研究――心理状態主義へのアプローチ. 心理科学, 14, 1-19.

数井みゆき・遠藤利彦(2005)『アタッチメント――生涯にわたる絆』ミネルヴァ書房

Kellman, P. J. & Spelke, E. S. (1983) Perception of partly occluded objects in infancy. *Cognitive Psychology*, 15, 483-524.

Kliegl, R., Smith, J. & Baltes, P. B. (1989) Testing-the-limits and the study of adult age differences in cognitive plasticity of a mnemonic

skill. *Developmental Psychology*, **25**, 247-256.

国立社会保障・人口問題研究所（2010a）第 14 回出生動向基本調査――結婚と出産に関する全国調査（http://www.ipss.go.jp/ps-doukou/j/doukou14_s/doukou14_s.asp 2016 年 4 月時点）

国立社会保障・人口問題研究所（2010b）第 14 回出生動向基本調査――わが国独身層の結婚観と家族観（http://www.ipss.go.jp/ps-doukou/j/doukou14_s/doukou14_s.asp 2016 年 4 月時点）

国立社会保障・人口問題研究所（2016）人口統計資料集（http://www.ipss.go.jp/syoushika/tohkei/Popular/Popular2016.asp?chap=0 2016 年 4 月時点）

厚生労働省（2009）人口動態統計特殊報告――「離婚に関する統計」（http://www.mhlw.go.jp/toukei/saikin/hw/jinkou/tokusyu/rikon10/index.html 2016 年 4 月時点）

Krampe, R. T. & Baltes, P. B. (2003) Intelligence as adaptive resource development and resource allocation: A new look through the lenses of SOC and expertise. In R. J. Sternberg & E. L. Grigorenko (Eds.) *The Psychology of Abilities, Competencies, and Expertise*. Cambridge University Press.

久保田まり（1995）『アタッチメントの研究――内的ワーキング・モデルの形成と発達』川島書店

Labouvie-Vief, G., Hakim-Larson, J., DeVoe, M. & Schoeberlein, S. (1989) Emotions and self-regulation: A life span view. *Human Development*, **32**, 279-299.

Labouvie-Vief, G. & Medler, M. (2002) Affect optimization and affect complexity: Modes and styles of regulation in adulthood. *Psychology and Aging*, **17**, 571-588.

Li, K. Z. H., Lindenberger, U., Freund, A. M. & Baltes, P. B. (2001) Walking while memorizing: Age-related differences in compensatory behavior. *Psychological Science*, **12**, 230-237.

Marcia, J. E. (1966) Development and validation of ego-identity status. *Journal of Personality and Social Psychology*, **3**, 551-558.

丸島令子（2000）中年期の「生殖性（Generativity）」の発達と自己概念との関連性について．教育心理学研究, **48**, 52-62.

Matsui, T., Miura, Y. & Suenaga, F. (2007) A new 'helping' task demonstrates children's implicit understanding of false belief. *Poster presented at the SRCD Biennial Meeting*.

Meltzoff, A. N. & Moore, M. K. (1977) Imitation of facial and manual gestures by human neonates. *Science*, **198**, 75-78.

Meltzoff, A. N. & Moore, M. K. (1983) Newborn infants imitate adult facial gestures. *Child Development*, **54**, 702-709.

無藤清子 (1979)「自我同一性地位面接」の検討と大学生の自我同一性. 教育心理学研究, **27**, 178-187.

内閣府 (2007) 国民生活白書――つながりが築く豊かな国民生活 (http://www5.cao.go.jp/seikatsu/whitepaper/h19/10_pdf/01_honpen/ 2016年4月時点)

中川威 (2008) 老年的超越理論に関する一考察――実証的研究と批判の動向. 生老病死の行動科学, **18**, 93-102.

中川威・増井幸恵・呉田陽一・髙山緑・高橋龍太郎・権藤恭之 (2011) 超高齢者の語りにみる生 (life) の意味. 老年社会科学, **32**, 422-433.

Neisser, U. (1976) General, academic and artificial intelligence. In L. B. Resnick (Ed.) *The Nature of Intelligence*. Lawrence Erlbaum.

西平直喜 (1990)『成人 (おとな) になること――生育史心理学から』東京大学出版会

野村信威 (2009) 地域在住高齢者に対する個人回想法の自尊感情への効果の検討. 心理学研究, **80**, 42-47.

落合良行・佐藤有耕 (1996a) 親子関係の変化からみた心理的離乳への過程の分析. 教育心理学研究, **44**, 11-22.

落合良行・佐藤有耕 (1996b) 青年期における友達とのつきあい方の発達的変化. 教育心理学研究, **44**, 55-65.

大日向雅美 (1988)『母性の研究――その形成と変容の過程:伝統的母性観への反証』川島書店

岡本依子・菅野幸恵・塚田-城みちる (2004)『エピソードで学ぶ乳幼児の発達心理学――関係のなかでそだつ子どもたち』新曜社

岡本祐子 (1995) 中年期の職場不適応事例にみられたアイデンティティ危機とその再体制化. 心理臨床学研究, **13**, 321-332.

岡本祐子 (1997)『中年からのアイデンティティ発達の心理学――成人期・老年期の心の発達と共に生きることの意味』ナカニシヤ出版

岡本祐子編 (2002)『アイデンティティ生涯発達論の射程』ミネルヴァ書房

岡本祐子 (2007)『アイデンティティ生涯発達論の展開――中年期の危機と心の深化』ミネルヴァ書房

岡安孝弘 (1994)「学校ストレスと学校適応」坂野雄二・宮川充司・大野木裕明編『生徒指導と学校カウンセリング』ナカニシヤ出版

Owen, M. T., Easterbrooks, M. A., Chase-Lansdale, L. & Goldberg, W. A. (1984) The relation between maternal employment status and the stability of attachments to mother and to father. *Child Development*, **55**, 1894-1901.

Parten, M. B. (1932) Social participation among pre-school children. *The Journal of Abnormal and Social Psychology*, 27, 243–269.

Piaget, J. (1952) *The Child's Conception of Number*. W. W. Norton & Company.

Piaget, J., Cook, M. & Norton, W. W. (1952) *The Origins of Intelligence in Children, vol. 8*. Routledge and Kegan Paul Ltd. (谷村覚・浜田寿美男訳 1978『知能の誕生』ミネルヴァ書房)

Piaget, J. & Inhelder, B. (1956) *The Child's Conception of Space*. Routledge and Kegan Paul Ltd.

Plomin, R. (1990) *Nature and Nurture: An Introduction to Human Behavioral Genetics*. Brooks/Cole Publishing Company. (安藤寿康・大木秀一訳 1994『遺伝と環境——人間行動遺伝学入門』培風館)

Premack, D. & Woodruff, G. (1978) Does the chimpanzee have a theory of mind? *Behavioral and Brain Sciences*, 1, 515–526.

Rogoff, B. (2003) *The Cultural Nature of Human Development*. Oxford University Press. (當眞千賀子訳 2006『文化的営みとしての発達——個人, 世代, コミュニティ』新曜社)

Roisman, G. I., Padrón, E., Sroufe, L. A. & Egeland, B. (2002) Earned-secure attachment status in retrospect and prospect. *Child Development*, 73, 1204–1219.

Ryff, C. D. (1989) Happiness is everything, or is it? Explorations on the meaning of psychological well-being. *Journal of Personality and Social Psychology*, 57, 1069–1081.

相良順子 (2008)「幼児・児童期のジェンダー化」青野篤子・赤澤淳子・松並知子編『ジェンダーの心理学ハンドブック』ナカニシヤ出版

Sagi, A. & Hoffman, M. L. (1976) Empathic distress in the newborn. *Developmental Psychology*, 12, 175–176.

酒井厚 (2005)『対人的信頼感の発達——児童期から青年期へ』川島書店

佐久間-保崎路子・遠藤利彦・無藤隆 (2000) 幼児期・児童期における自己理解の発達——内容的側面と評価的側面に着目して. 発達心理学研究, 11, 176–187.

Salapatek, P. (1975) Pattern perception in early infancy. In P. Salapatek & L. B. Cohen (Eds.) *Infant Perception: from Sensation to Cognition*. Academic Press.

Salthouse, T. A. (1984) Effects of age and skill in typing. *Journal of Experimental Psychology: General*, 113, 345–371.

Salthouse, T. A. (2012) Consequences of age-related cognitive declines. *Annual Review of Psychology*, 63, 201–226.

Schaie, K. W. (2005) *Developmental Influences on Adult Intelligence: The Seattle Longitudinal Study.* Oxford University Press.

Schaie, K. W. & Willis, S. L. (1986) Can decline in adult intellectual functioning be reversed? *Developmental Psychology*, 22, 223–232.

Schmutte, P. S. & Ryff, C. D. (1997) Personality and well-being: Reexamining methods and meanings. *Journal of Personality and Social Psychology*, 73, 549–559.

Seavey, C. A., Katz, P. A. & Zalk, S. R. (1975) Baby X: The effect of gender labels on adult responses to infants. *Sex Roles: A Journal of Research*, 1, 103–109.

下條信輔 (2006)『まなざしの誕生――赤ちゃん学革命 (新装版)』新曜社

下仲順子・中里克治 (1999) 老年期における人格の縦断研究――人格の安定性と変化及び生存との関係について. 教育心理学研究, 47, 293–304.

Siegler, R. S. (1995) How does change occur: A microgenetic study of number conservation. *Cognitive Psychology*, 28, 225–273.

Smotherman, W. P. & Robinson, S. R. (1996) The development of behavior before birth. *Developmental Psychology*, 32, 425–434.

Snyderman, M. & Rothman, S. (1987) Survey of expert opinion on intelligence and aptitude testing. *American Psychologist*, 42, 137–144.

Sorce, J. F., Emde, R. N., Campos, J. J. & Klinnert, M. D. (1985) Maternal emotional signaling: Its effect on the visual cliff behavior of 1-year-olds. *Developmental Psychology*, 21, 195–200.

Staudinger, U. M. & Baltes, P. B. (1996) Interactive minds: A facilitative setting for wisdom-related performance? *Journal of Personality and Social Psychology*, 71, 746–762.

Sternberg, R. J. (1999) What do we know about tacit knowledge? Making the tacit become explicit. In R. J. Sternberg & J. A. Horvath (Eds.) *Tacit Knowledge in Professional Practice: Researcher and Practitioner Perspectives.* Erlbaum.

Sternberg, R. J. (2005) Foolishness. In R. J. Sternberg & J. Jordan (Eds.) *A Handbook of Wisdom: Psychological Perspectives.* Cambridge University Press.

Sternberg, R. J., Forsythe, G. B., Hedlund, J., Horvath, J. A., Wagner, R. K., Williams, W. M., Snook S. A. & Grigorenko, E. (2000) *Practical Intelligence in Everyday Life.* Cambridge University Press.

菅原ますみ (1998) 父親の育児行動と夫婦関係, そして子どもの精神的健康との関連――生後11年間の追跡調査から. 教育と情報, 6, 7–12.

菅原ますみ (2003)『個性はどう育つか』大修館書店

菅原ますみ・北村俊則・戸田まり・島悟・佐藤達哉・向井隆代（1999）子どもの問題行動の発達——Externalizing な問題傾向に関する生後 11 年間の縦断研究から. 発達心理学研究, **10**, 32-45.

菅原ますみ・眞榮城和美・酒井厚（2002）子どもの発達と家庭関係に関する縦断的研究（1）—— 子どもの問題行動の発達：internalizing problems に関して. 日本教育心理学会総会発表論文集, **44**, 588-588.

鈴木亜由美（2005）幼児の対人場面における自己調整機能の発達——実験課題と仮想課題を用いた自己抑制行動と自己主張行動の検討. 発達心理学研究, **16**, 193-202.

鈴木忠（2008）『生涯発達のダイナミクス——知の多様性 生きかたの可塑性』東京大学出版会

鈴木忠・西平直（2014）『生涯発達とライフサイクル』東京大学出版会

田渕恵・権藤恭之（2011）高齢者の次世代に対する利他的行動意欲における世代性の影響. 心理学研究, **82**, 392-398.

Takahashi, K. (1986) Examining the strange-situation procedure with Japanese mothers and 12-month-old infants. *Developmental Psychology*, **22**, 265-270.

高橋惠子（2010）『人間関係の心理学——愛情のネットワークの生涯発達』東京大学出版会

高橋惠子（2011）『第二の人生の心理学——写真を撮る高齢者たちに学ぶ』金子書房

高橋道子（1973）新生児の微笑反応と覚醒水準・自発的運動・触刺激との関係. 心理学研究, **44**, 46-50.

Thomas, A., Chess, S. & Birch, H. G. (1968) *Temperament and Behavior Disorders in Children*. New York University Press.

Tomasello, M. (1999) *The Cultural Origins of Human Cognition*. Harvard University Press.（大堀壽夫・中澤恒子・西村義樹・本多啓訳 2006『心とことばの起源を探る——文化と認知』勁草書房）

Tornstam, L. (1989) Gero-transcendcncc: A reformulation of the disengagement theory. *Aging Clinical and Experimental Research*, **1**, 55-63.

Tornstam, L. (1997) Life crises and gerotranscendence. *Journal of Aging and Identity*, **2**, 117-131.

Tornstam, L. (2005) *Gerotranscendence: A Developmental Theory of Positive Aging*. Springer.

van Ijzendoorn, M. H. & Kroonenberg, P. M. (1988) Cross-cultural patterns of attachment: A meta-analysis of the strange situation. *Child Development*, 147-156.

若本純子・無藤隆（2006）中高年期における主観的老いの経験. 発達心理学研究, **17**, 84-93.

West-Eberhard, M. J. (2003) *Developmental Plasticity and Evolution*. Oxford University Press.

White, R. W. (1959) Motivation reconsidered: The concept of competence. *Psychological Review*, **66**, 297-333.

Willis, S. L. & Nesselroade, C. S. (1990) Long-term effects of fluid ability training in old-old age. *Developmental Psychology*, **26**, 905-910.

Wimmer, H. & Perner, J. (1983) Beliefs about beliefs: Representation and constraining function of wrong beliefs in young children's understanding of deception. *Cognition*, **13**, 103-128.

山岸明子（2011）『こころの旅——発達心理学入門』新曜社

山本愛子（1995）幼児の自己調整能力に関する発達的研究. 教育心理学研究, **43**, 42-51.

依田明（1990）『きょうだいの研究』大日本図書

幸本香奈（2015）中学生・高校生女子の友人グループ——グループの果たす役割とグループ関係の発達的変化についての考察　生涯発達心理学研究（白百合女子大学生涯発達研究教育センター紀要), **7**, 27-37.

百合本仁子（1981）1歳児における鏡像の自己認知の発達. 教育心理学研究, **29**, 261-266.

Yussen, S. R. & Levy, V. M. (1975) Developmental changes in predicting one's own span of short-term memory. *Journal of Experimental Child Psychology*, **19**, 502-508.

事項索引

●アルファベット

FとG（事例）　4, 71-72
QOL　→生活の質
SOC　162-163
　　――方略　130, 193
　　――理論　130, 187

●あ 行

愛　10, 103
愛着（アタッチメント）　6, 66, 83, 153
　　――行動　66-67, 153
　　――の個人差　68
　　――のタイプ　71, 73
　　――の内的ワーキングモデル　67-68
　　――パターン　99
　　――理論　66
アイデンティティ　10, 102-104, 150
　　――拡散　105-106
　　――混乱　10, 103
　　――・ステイタス　105-107
　　――達成　105
遊 び　74-77, 138
　　共同――　75-77, 138
　　ひとり――　75-76
　　ふり――　41-45, 47
　　並行――　47, 75-76
　　連合――　75-77
扱いにくい（やすい）子ども　85-86
アルコール依存症　157, 175-176
安全基地　68
安定型（Bタイプ）　70, 73
暗黙知　134
育児ストレス　160-161
イクメン　160

一次的ことば　110
遺 伝　4
　　――と環境　100
「いま，ここ」　109-110, 179
イメージ操作　119, 124
インフォーマル（非公式）な活動　139
ウェルビーイング　163-164, 194
嘘　56
英 知　10, 197
　　――課題　200-201
エストロゲン　147
エピジェネシス　25
横断的方法　14, 122
親準備性　159

●か 行

外向性　99
回避型（Aタイプ）　70, 73
外部化（方略）　112
核家族化　159
獲得／喪失のダイナミズム　22
数の保存　48-49, 57, 110
仮説演繹的な推論　115
仮想的な認識　42
可塑性　72, 176
葛 藤　9, 11, 104, 145, 149
空の巣　156
　　――症候群　22, 175-176
加齢の主体的制御　193
感覚運動期　28, 83
感覚と運動の協応　31
環 境　4
　　――への適応力　133
環境習得　195-196
関係の表象　43

記　憶　200
危　機　104
気　質　71, 85-87, 99
基本的生活習慣　85, 88-89, 99
9カ月革命　37, 51, 77
吸啜反射　27, 32
協　応　32
共感性　63, 90
共同注意　37
均衡化　9
勤勉性　10, 139
具体的操作期　52, 110, 116
グループ　141-143
　　インフォーマル・──　139
　　フォーマル・──　138-139
ケ　ア　10, 158, 160, 180-181
　　家族内──　158
経験から学ぶ　133, 135, 204
形式的操作期　116
傾倒　→積極的関与
結　婚　18, 21, 150, 154, 168
限界テスト　125
言語的知識　119
原始反射　27-28, 31, 61, 63
原始歩行　27-28
語彙爆発　44
公益性　204
向社会的行動　140, 141
後成　→漸成
更年期障害　175
高齢化　183
　　──社会　12, 167
互恵性　158
心の理論　51, 55-56
個人的成長　195-196
個性　87
コホート　16, 119-120
　　──効果　16, 18, 124
　　就職──　16
　　生年──　16, 120
孤　立　10, 103, 149, 179

コンピテンス　83-84

さ 行

最適化　129, 187
サクセスフル・エイジング（「上手に歳をとる」）　129, 136, 193
作動記憶（ワーキングメモリ）　200, 204
三項関係　36-37
3歳児神話　159
シアトル縦断研究　14
ジェネラティヴィティ（生殖性）　10, 187, 190
シェマ　8-9, 32, 136
ジェンダー　95, 97
　　──スキーマ　97
　　──スキーマ理論　96-97
　　──フリー　95
視覚的断崖　37-38
時間的展望　184
シグナル行動　67
資　源　130-131, 158, 187, 193
　　認知的──　128, 131,
自　己　79
　　──概念　180
　　──肯定感　178
　　──主張　90, 146
　　──制御　91-92, 182
　　──像（イメージ）　21, 94, 180
　　──中心性　46, 56, 76
　　──投入　104
　　──認知　81-82
　　──の統合　184
　　──評価　94, 174, 180
　　──抑制　77, 91-93
　　──理解　93
　　社会的──　174
　　身体的──　174
　　生活的──　174
　　多重化した──　171, 185
　　内的──　174

自己投入　→積極的関与
自尊感情　89-90, 94, 174, 188
実践的知識　200
視点取得　90, 110
シナプスの過形成（刈り込み）　30
社会化　138-139
社会的学習理論　96-97
社会的サポート　161
社会的参照　37-38, 65
集団規範　138-139
縦断的方法　14, 122
羞恥心　94
主観的老い　175
熟達化　109, 126, 128
出生順位　99
馴化（法）　33
　脱――　33
循環反応　32, 84
循環プロセスモデル　155
準拠集団　139
生涯学習　178
生涯未婚率　168, 170
少子化　183
少子高齢化　165
「上手に歳をとる」　→サクセスフル・エイジング
象徴的な機能　42, 44-45
情緒的応答性　70-71
情緒的サポート　162
情緒的な絆　64-65
神経質　99
人生回顧　188
新生児模倣　28, 62
人生の最盛期　173
身辺の自立　88
親密性　10, 103, 149, 156, 179
心理社会的危機　9, 11, 103, 149, 179-180
心理社会的発達　9
心理的離乳　102, 145
ストレンジ・シチュエーション法　68

-69, 73
スピルオーバー　171-172
斉一性　103
性格　→パーソナリティ
生活の質（QOL）　188
制御　129, 170
成熟　193, 195
　精神的――　196
生殖性　→ジェネラティヴィティ
生得的制約　32
性役割　95
　――行動　96
世代間伝達　180
世代性発達　187
積極的関与（傾倒，自己投入）　104
接近行動　67
絶望・嫌悪　10
セルフモニタリング　100
選好注視法　34
漸成　25
　――図式　9-10
　――的発達理論　179, 184
前操作期　41
選択　100, 129, 170, 187
全能性の幹細胞　24
早期完了　105-106
相互性　103
喪失　20, 30, 162, 185

●た行

胎芽期　25
体系的思考　116
胎児期　25, 31
対人関係（人間関係）　38
　タテの――　87-88, 93, 98, 102, 146
　ナナメの――　87-88
　ヨコの――　87-88, 93, 98, 102, 146
第2次性徴　100, 147-148
第2の人生　178
他者の視点　58, 203, 205
多重役割　171

事項索引　221

脱衛星化　145
探索行動　68, 70-71
知　恵　136, 193, 197, 202
知的好奇心　83
知　能　118-120, 124, 132, 200
　　──検査　118, 123, 132-135
　　学業的──　133-135
　　結晶性／流動性──　119
　　言語性／非言語性（動作性）──
　　　119-120
　　実践的──　109, 133-136, 197
　　推論的──　119-120
中心化　46, 52, 109
　　脱──　52-53, 76, 110
忠　誠　10, 103
中年期　173, 180
　　──危機　175-177
超高齢者　189
超高齢社会　189
調　節　8, 32, 36, 40, 136
諦　観　185
抵抗・アンビヴァレント型（Cタイプ）
　　70, 73
停　滞　10, 180
適　格　10, 139
テストステロン　147
トイレットトレーニング　12, 89
同　化　8, 32, 36, 40, 136
道具的サポート　162, 164
統制不全型（行動）　71-72
同　調　139, 143-144
　　──圧力　140, 142-143
　　──行動　75
徳　10
トラウマ　21

● な　行

内　省　201, 204
内発的動機　83
仲間集団　77, 141
喃　語　66

二次的ことば　110-111
ニューヨーク縦断研究　85
人間関係　→対人関係
妊　娠　23
認知的資源　128, 131-132
認知発達　83
ネガティブ・スピルオーバー　171

● は　行

把握反射　27
場所法　125
パーソナリティ（性格）　98, 179, 186, 190
8カ月不安　64
発信行動　83
発達段階　3
発達の可塑性　4, 123, 125
「発達は環境に埋め込まれている」　4
パートナーシップ　144, 149-150, 158
反抗期
　　第1──　90-91
　　第2──　101
反社会的行動　141
ハンドリガード　80
被愛願望　143
微　笑　61, 63-64, 66, 71
　　自発的──　63
　　社会的──　64
　　生理的──　63
　　誘発的──　64
否定的同一性　107
人見知り　38, 64, 74
非標準的経験　171, 185, 190
非標準的要因　17-19, 179, 190
百寿者　189
標準的要因　17
標準年齢的要因　17-19
標準歴史的要因　17-19
表　象　36, 45-46, 56, 82, 100, 170,
　　──の操作　46
不安定型　70

夫婦の循環モデル　161
フォークロージャー　106
フォーマル（公式）な活動　138, 141, 144
プランニング　114
フリーター　107
ベビーX実験　95
防　衛　143
傍観行動　76
方　略　112, 114, 122-123, 129
ポジティブ・スピルオーバー　171
補　償　128-129, 187
母性剥奪　66
保存課題　49
ほふく反射　27

●ま　行

見かけと本当の区別　46-49
見立て　41, 45, 47, 138
3つ山課題　50
メタ認知　113-115
目標と手段の分離　35
モデリング　96
モニタリング　114-115
模　倣　39
モラトリアム　105-106

モロー反射　27

●や　行

役割実験　106
優越感　94
有能感　89, 147
養育態度　86, 99-100, 146

●ら　行

ライフイベント　168, 181, 184
ライフコース　18, 152, 168, 172
ライフプラン　150, 153
ライフレビュー　188
離　婚　154-156, 175
　　熟年——　156
利他的行動　187
リハーサル　112-113
領域固有性　134
劣等感　10, 94, 99, 139
連続性　103
老年的超越　189-190
論理的思考　52, 110, 115

●わ　行

ワーキングメモリ　→作動記憶

人名索引

●あ 行

安藤寿康　99
飯牟礼悦子　185
ウィリス（Willis, S. L.）　124
ウェスト・エバーハルト（West-Eberhard, M. J.）　4
ウッドラフ（Woodruff, G.）　51
エインズワース（Ainsworth, M. D. S.）　68
エリクソン（Erikson, E. H.）　8–11, 25, 102–103, 139, 149, 158, 179–180, 184
エルダー（Elder, G. H.）　18
岡本祐子　176

●か 行

柏木惠子　181
カールステンセン（Carstensen, L. L.）　162
クリーグル（Kliegl, R.）　125
ケリー（Kelly, J.）　160
孔子　174
コール（Cole, M.）　117, 133
権藤恭之　187

●さ 行

相良順子　97
シーグラー（Siegler, R. S.）　57
下仲順子　186
シャイエ（Schaie, K. W.）　14
鈴木忠　11, 16, 136
スタウディンガー（Staudinger, U. M.）　198, 200, 202
スタンバーグ（Sternberg, R. J.）　134, 204

スペルキー（Spelke, E. S.）　33
ソールトハウス（Salthouse, T. A.）　127

●た 行

高橋惠子　178
田渕恵　187
ダン（Dunn, J.）　53
チェス（Chess, S.）　85–86
チャーネス（Charness, N.）　128
デローチ（Deloache, J. S.）　42–43
トマス（Thomas, A.）　85–86
トマセロ（Tomasello, M.）　37
トーンスタム（Tornstam, L.）　189–190

●な 行

中川威　189
中里克治　186
ネッセルロード（Nesselroade, C. S.）　124
野村信威　188

●は 行

バターワース（Butterworth, G.）　37
ハッテンロッカー（Huttenlocker, P. R.）　29
パーテン（Parten, M. B.）　75
バーリック（Bahrick, H. P.）　121–122
ハルシュ（Hultsch, D. F.）　122
バルテス（Baltes, P. B.）　17, 129, 179, 185, 190, 198–202
ハーロー（Harlow, H. F.）　71
ピアジェ（Piaget, J.）　8–9, 11, 28, 32, 41, 49, 52, 83, 110, 116, 136

ビネー（Binet, A.） 118, 135
平山順子 158
ファンツ（Fantz, R.） 34-35
藤永保 4
フラーベル（Flavell, J. H.） 112
プレマック（Premack, D.） 51
フロイント（Freund, A. M.） 130
ベム（Bem, S. L.） 96
ベルスキー（Belsky, J.） 160
ボウルビィ（Bowlby, J.） 66, 72, 153
ホリングワース（Hollingworth, L. S.） 102
ホワイト（White, R. W.） 83

● ま 行

マーシャ（Marcia, J. E.） 104

松井智子 56
丸島令子 180
無藤隆 173

● ら 行

ラブヴィ・ヴィーフ（Labouvie-Vief, G.） 194
リフ（Ryff, C. D.） 195

● わ 行

若松素子 181
若本純子 173

● 著者紹介

鈴木　忠（すずき　ただし）
　白百合女子大学人間総合学部教授

飯牟礼悦子（いいむれ　えつこ）
　大東文化大学文学部講師

滝口のぞみ（たきぐち　のぞみ）
　青山こころの相談室代表

生涯発達心理学
――認知・対人関係・自己から読み解く
Lifespan Developmental Psychology: Perspectives of Cognition, Social Relations, and Self

ARMA
有斐閣アルマ

2016年12月15日　初版第1刷発行
2022年 1月30日　初版第2刷発行

著　者	鈴　木　　　忠 飯　牟　礼　悦　子 滝　口　の　ぞ　み
発行者	江　草　貞　治
発行所	株式会社　有　斐　閣 郵便番号　101-0051 東京都千代田区神田神保町2-17 http://www.yuhikaku.co.jp/

印刷・株式会社理想社／製本・牧製本印刷株式会社
© 2016, T. Suzuki, E. Iimure, N. Takiguchi.
Printed in Japan
落丁・乱丁本はお取替えいたします。
★定価はカバーに表示してあります。

ISBN 978-4-641-22074-4

JCOPY　本書の無断複写（コピー）は、著作権法上での例外を除き、禁じられています。複写される場合は、そのつど事前に（一社）出版者著作権管理機構（電話03-5244-5088、FAX03-5244-5089、e-mail:info@jcopy.or.jp）の許諾を得てください。